POLITICAMENTE CORRECTO
RACIONALMENTE INCORRECTO

INDICE

INTRODUCCIÓN

Una definición actual engañosa de lo que se considera *"políticamente correcto"* en la actualidad consiste en el respeto de los valores de todos los grupos humanos evitando cualquier posible discriminación por motivos de sexo, raza, ideología política, religión.

El concepto, sin embargo, en sentido amplio, acompaña la humanidad desde sus orígenes y significa vivir sometido a los valores de moda en cada época que casi siempre fueron arbitrarios.

Políticamente correcto, en la época imperial romana, por ejemplo, era aceptar que esclavizar era un derecho del vencedor o que los espectáculos repugnantes del circo romano constituían una legítima diversión popular. Después, en el medioevo, consistía aceptar sin cuestionarlos todos los dogmas religiosos y hasta hace poco, el nacionalismo imponía sus ideas de superioridad racial que debían ser aceptadas sin discusión. Los dogmas de moda enceguecen a la humanidad al punto de considerar justificados y normales comportamientos crueles y aberrantes.

El término *"políticamente correcto"* para establecer los ideales aceptados aparece a principio del siglo XX En 1934, la Alemania nazi estaba otorgando permisos de información *"solo a 'arios' puros cuyas opiniones son políticamente correctas"*.

La represión de lo políticamente incorrecto se difundió rápidamente en los regímenes comunistas rusos y chinos, en particular, que exigían total sumisión a los dogmas revolucionarios. A fines del siglo XX, el pequeño libro rojo de Mao reunía las opiniones políticamente correctas que debían ser aceptadas sin condicionamientos.

El fracaso de las revoluciones marxistas de fin de siglo XX indujo la nueva izquierda a intentar un monopolio de las ideas, a partir de valores de base razonable, pero fácilmente deformables con la exageración, con el objeto de lograr pacíficamente una sumisión identitaria, usando el chantaje ideológico. El primer triunfo se logró excluyendo de los medios de comunicación masiva, desde la prensa, la televisión hasta el arte y, en especial, la Universidad, todos los que pretendían cuestionar los principios planteados como nuevos dogmas.

Los ideales colectivistas constituyen un peligro para la democracia liberal.

Son incompatibles con la idea de que los ciudadanos tienen idénticos derechos a opinar.

El fin último de la nueva izquierda, que suelen mantener oculto para engañar a los ingenuos, es lograr su eterno sueño de una sociedad opresiva, utilizando el poder político para crear grupos que tengan estatus privilegiados.

Se trata de formar, con paciencia, generaciones que nunca osen enfrentarse a pensamientos distintos a los aceptados universalmente, con nula tolerancia a la discrepancia. Si este objetivo se impone finalmente, los ideólogos de la nueva izquierda habrán destruido la odiada democracia occidental y podrán imponer a la grey sumisa sus propósitos dictatoriales.

El gran Tocqueville lo había previsto ya en el siglo XIX: *"la cultura individualista de la democracia contemporánea no lleva solo a una ampliación de las libertades, sino también al reinado de la opinión y eventualmente a un despotismo de la opinión dominante"*

La posición de no desviarse de lo políticamente correcto constituye una peligrosa tendencia de la unanimidad que se ha impuesto en el ámbito universitario, político e intelectual. La unanimidad impuesta termina por ser asfixiante y destructiva respecto al debate que es la base de toda Ciencia humanística o social.

Muchos intelectuales y académicos se ven obligados a practicar una humillante autocensura para evitar la marginación y la crítica destructiva de las redes sociales.

Jamás el nivel académico ha sido tan bajo. Parecen prehistóricos los estatutos de las primeras Universidades, como la de Padova, que obligaban a que siempre hubieran, por lo menos, dos profesores que desarrollaban el mismo tema, en aula distintas, para permitir a los estudiantes poder escuchar distintas versiones antes de formar su propio criterio.

La imposición de un pensamiento único en las Universidades y en los medios supone la muerte de las humanidades en el largo plazo.

Las ciencias sociales y las humanidades no se basan en verdades indiscutibles como ocurre con las ciencias duras. Un problema matemático termina siempre con un solo resultado que constituye un indiscutible conocimiento.

Las ciencias blandas, llamadas sociales y humanas son formas de saber que se basan en opiniones. Desde el debate de opiniones surge una verdad que no posee la firme e indiscutible arquitectura de un teorema geométrico o una ley de la física. La antropología, por ejemplo, no llega a conclusiones indiscutible sino a conocimientos discutibles de naturaleza intrínseca dialéctica.

Al opinar, siempre se arriesga una conjetura que constituye una fase de un proceso que, partiendo de un estado precario, culminaría idealmente en una verdad nunca absoluta.

Es por eso que la pretensión de ensalzar posiciones políticas o culturales, inhibiendo su discusión, por considerarlas como verdades absolutas, a pesar de que son solamente socialmente hegemónicas, expresión de la opinión dominante, constituye un engaño.

Se pretende imponer por medios políticos una verdad definitiva que es solo presunta, ya que no posee la estructura inatacable de un teorema. Se pretende olvidar que en una sociedad democrática todo es opinable.

Cuando tener una opinión propia es arriesgado, y políticamente excluyente, la vida democrática de la sociedad agoniza.

La pretensión de imponer una verdad como la única correcta ha acompañado la humanidad desde la época de la prehistoria.

Fue usada por los Gobiernos autoritarios, por una parte, y por los populistas en la etapa de la degeneración democrática que exigen el silencio de sus opositores ejerciendo el chantaje ideológico.

Es una obligación moral arriesgar el debate en nombre de la verdad.

En el gráfico se resumen las alternativas de decisiones que puede tomar una sociedad.

El punto de partida son el uso de la razón y la imaginación para originar ideas.

En base a las ideas que desarrollan, el hombre construye ideales que se transforman en sus metas, objetivos de vida. Pueden ser constructivos como prefijarse una profesión, una ocupación acorde con las actitudes o destructivos tendientes a perjudicar personas que se consideran molestas y perjudiciales para nuestro desarrollo.

Los constructivos siempre se basan en el instinto de colaboración con las demás personas, en la esperanza, en la voluntad de accionar para alcanzar las metas.

Los destructivos, en cambio, se fundamentan en instinto de dominancia, en el odio, en la desesperación.

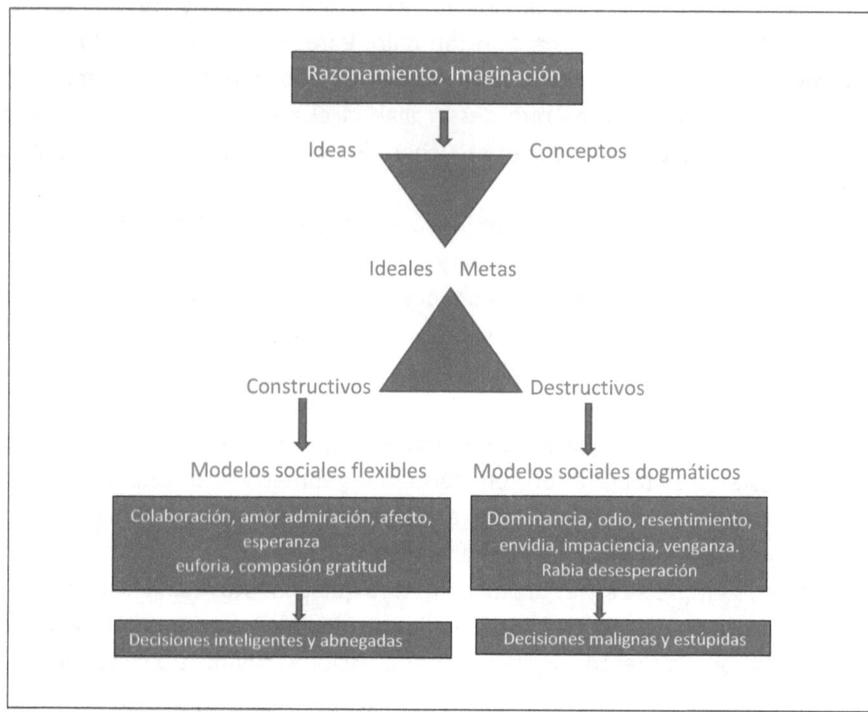

Los constructivos originan modelos sociales flexibles que se ajustan y calibran en función de los resultados que se van obteniendo, para poder alcanzar racionalmente nuestros objetivos.

Los destructivos se justifican con teorías sociales utópicas que obligan a respetar los dogmas que se toman como bandera. Valga como ejemplo el racismo. Se basa en ignorancia y resentimientos ocultos. Durante siglos se ha impuesto como dogma en las sociedades humanas. Rehusar la creencia mayoritaria y no ser, por ejemplo, antisemita significaba la marginación. Solo respetando las falsedades ideológicas del racismo. una persona podía ser *"políticamente correcta"*, aceptada socialmente. En periodos autoritarios como el nazismo, defender los judíos podía significar una condena a muerte. Lamentablemente la historia demuestra que el camino de los modelos destructivos es mucho más transitado que el de los constructivos. En la mayoría del tiempo de su evolución, la humanidad ha vivido entre conflictos ideológicos de todo tipo que dieron lugar a guerras, persecuciones, torturas, muertes.

Esto se debe a que el hombre, obligado a competir con otros para lograr los bienes necesarios para su subsistencia, es más propenso a sentimientos negativos de rencores y resentimientos que a la colaboración pacífica y al amor.

En última instancia la negatividad se refleja en las decisiones preferidas por los que están sometidos a prejuicios de tipo ideológico. Eligen las que los pueden beneficiar, aunque perjudiquen a su próximo o, las más numerosas, son las estúpidas que perjudican a todos porque también terminan por dañar también al que las toma.

Ejemplos de comportamiento perjudicial para todos sobran en la historia de la humanidad. Entre tantos pueden citarse los sangrientos conflictos religiosos entre cristianos católicos y luteranos o el nazismo en la más reciente segunda guerra mundial.

La humanidad tiene una deuda muy alta con los millones de mártires que, a lo largo de la historia, se sacrificaron para defender su derecho a opinar libremente.

CAPÍTULO I:

INTOLERANCIAS RACIALES

Repudio a lo diferente

Una de las primeras verdades que se pretendió imponer ya en el inicio del desarrollo social fue el repudio a todo los que se consideraba diferente.

El fundamento de esa actitud instintiva está muy difundido y se manifiesta en el rechazo de cualquier diferencia física o cultural. La especie humana lo comparte con otros animales.

Valgan algunos ejemplos. Los pollos híbridos para engorde son blancos. Sin embargo, suele ocurrir que nazca uno de otro color, por ejemplo, negro. Si se deja junto con los otros pollitos es inmediatamente marginado y picoteado hasta provocarle la muerte en pocos días.

Una manada de leones o una jauría de lobos no aceptan otros animales de su misma especie que no pertenecen al mismo grupo y los atacan si se acercan.

El temor a lo diferente en la especie humana, ha sido una característica de todas las civilizaciones prehistóricas igual que la jerarquización en las tribus.

Si un joven traía como esposa una mujer perteneciente a otra tribu era inevitablemente marginado con su pareja. Lo curioso de esa aptitud que, en la mayor parte de los casos, las diferencias físicas y aun las culturales eran mínimas. Consistían, a veces, en ligeras variaciones del lenguaje o en la forma de llevar una pluma en la cabeza.

Las sociedades humanas se revelaron desde sus inicios mucho más destructivas que las animales. Las manadas y las jaurías suelen fijar su territorio de caza y lo respetan, salvo situaciones excepcionales de escasez, llegando a una convivencia con sus competidores.

Los humanos, en cambio, siempre trataban de imponerse a sus vecinos más débiles en continuas y sangrientas guerras tribales. Los vencedores masacraban a los derrotados los esclavizaban y hasta practicaban la ganadería humana como ocurría en las tribus caribeñas. Engordaban los prisioneros para comerlos después y hasta engendraban hijos con las prisioneras para devorarlos como si fueran lechoncitos.

Estos comportamientos demuestran una crueldad autodestructiva que es una característica diferencial negativa de los humanos.

De las luchas tribales para lograr dominancia surgen las primeras manifestaciones del racismo como sistema de opresión.

Etnia y raza

Existe una diferencia entre el concepto de etnia y de raza. Esta última se refiere a características genéticas que se manifiestan en diferencias físicas y biológicas.

Etnia constituye un concepto más amplio que incluye diferencias culturales de tipo lingüístico, religioso, nacionalidad, costumbres.

La discriminación inició cuando se materializó la idea de la superioridad de un grupo tribal sobre otro.

De allí surge la xenofobia y el racismo.

Avanzando a tiempos bíblicos, puede considerarse que el éxodo de los hebreos en la época de Moisés fue un conflicto étnico racial. Los hebreos habían sido esclavizados por lo egipcios y Moisés logró convencer, en una primera etapa, al faraón de liberarlos.

Dos razas distintas, dos culturas también diversas.

Los ejemplos históricos son infinitos. En la antigua Grecia, los extranjeros no tenían los mismos derechos de los ciudadanos.

En esa época era *"políticamente correcto"* creer en diferencias raciales y genéticas que categorizaban y decidían el destino de los hombres desde el nacimiento.

Se pueden citar infinidad de ejemplos que muestran las creencias marginadoras de la mayoría de las sociedades hacia determinados grupos sociales por razones raciales y culturales, en especial las religiosas.

Los romanos no fueron muy racistas, actitud que permitió amalgamar distintas razas y culturas en su imperio. Esclavizaban a los vencidos como un derecho del vencedor, pero no los consideraban como genéticamente inferiores. También respetaban tradiciones incorporando sus dioses en el panteón con el mismo respeto que por los suyos propios.

El criterio de ampliación del imperio que llegó a una superficie de más de 6 millones de km^2 fue esencialmente de beneficio costo. Si un territorio era colonizable y rico valía la pena mantenerlo. Típico el caso de Britania. En la época de Domiciano, el general Agripa venció a los Caledonios escoceses y completó la conquista de la isla descubriendo que la parte norte era un páramo estéril solo apto para la ganadería extensiva. Entonces, el emperador Adriano construyó un muro que dividía la isla en dos, dejando a loa belicosos caledonios escoceses tranquilo en sus guaridas.

Al mantener tropas estables en las fronteras se establecían lazos afectivos con la población local y muchos legionarios, al obtener la baja y tierras para cultivar, se casaban con mujeres de la localidad y se establecían.

Esta política mucho contribuyó a la integración de grupos poblacionales. De hecho, si el imperio de occidente hubiera durado algunos siglos más, se hubiera impuesto el latín como lenguaje predominante y se hubieran reducido las diferencias culturales y de comportamiento entre los pueblos.

Semitismo y antisemitismo

Las represiones en Judea no se produjeron por racismo, sino fueron conflictos étnicos de naturaleza religiosa. Judea cayó a mediados del siglo I como Provincia clientelar romana. Los conquistadores no se molestaban por las creencias religiosas monoteístas del pueblo judío, pero estos rechazaban los dioses paganos que despreciaban. Se consideraban el pueblo elegido y desobedecían las leyes romanas rebelándose toda vez que las legiones se veían envueltas en conflictos con los partos.

Esto dio lugar en el año 35 al sitio de Jerusalén, en la época de Vespasiano, y la caída de la ciudad a mano de Tito, hijo mayor del emperador, la destrucción del templo y el inicio de la diáspora.

Bajo el reinado de Adriano, en el año 135, estalló una nueva rebelión, liderada por Bar Kojba, que condujo a una guerra de exterminio por el fanatismo de los zelotes judíos que preferían la muerte a la rendición. El balance final fue espantoso. Perdieron la vida 600.000 judíos y 90.000 romanos. El resto de la población abandonó su país y la región fue incorporada a la provincia de Siria con el nombre de Palestina.

Fue el semitismo exasperado de un pueblo orgulloso que a todas costas querría mantener su religión y tradiciones que condujo, ya en el medioevo, al deletéreo antisemitismo. Se mantuvo en el tiempo porque los judíos firmes en su creencia que los mantuvo unidos espiritualmente, aunque estuvieran viviendo dispersos en todo el imperio, tuvieron dificultad en integrarse en las sociedades donde residían.

Como resultado, fueron perseguidos, encerrados en guetos hasta llegar, a través de los siglos al aberrante holocausto nazi.

Ya en el siglo XIV, en España se distinguía entre cristianos de sangre pura, judíos y musulmanes de sangre impura, iniciándose campañas para la *"limpieza de sangre"*.

El antisemitismo llegó a ser una de las formas de racismo más persistente en el tiempo. Durante siglos fue *"políticamente correcto"* considerar los judíos como crueles usureros, caracterizarlos por su aspecto físico, atribuyéndoles siempre una nariz ganchuda y orejas abiertas como abanicos, piernas flacas y torcidas, grandes ambiciones de dominar al mundo con el poder económico.

Marginación de las culturas pre colombinas

Después del descubrimiento de América en 1492, surgió otro gran foco racista con las poblaciones aborígenes americanas. En los primeros viajes, como relatan las cartas de Vespucio, se encontraron con tribus caribeñas muy salvajes y se llegó a la conclusión de que los llamados indios constituían una sociedad muy primitiva. Al tomar contacto con los más avanzados aztecas, maya e Inca, se sorprendieron por su organización social y por la tecnología constructiva, a pesar de no haber todavía inventado la rueda. Entonces el conflicto fue más étnico que racial. Se reprochaban algunas de sus costumbres más crueles como los sacrificios humanos y se intentó convertirlos a la religión cristiana.

A medida que avanzó la conquista, las poblaciones aborígenes fueron despojadas de sus recursos. Se defendieron con valor, pero inútilmente por la enorme diferencia de tecnología. La opinión más difundida hasta fin del siglo XIX es que la conquista de las tierras indígenas era un derecho de los colonos. No era admisible respetar indios que se negaban a trabajar la tierra y pretendían seguir viviendo de la caza y recolección. Una forma de vida que significaba la necesidad de 10.000 a 50.000 ha para proveer a una familia. Solamente sobrevivieron los indios agricultores en especial los andinos, pero no las tribus de grandes países como Estados Unidos o Argentina.

Nadie que hubiera cuestionado la conquista violenta sería considerado una persona cuerda. Los Sioux, los Cheyenne o los Araucanos fueron considerado casi subhumanos y se difundió la idea que el único indio bueno era un indio muerto.

Los esclavos africanos

En el siglo XVI inició el comercio de esclavos africanos practicado en especial por los árabes. Se rodeaban e incendiaban pacíficas aldeas y se capturaban a todos sus habitantes llevándolos en caravanas a los puertos de embarques. Fue tan enorme la cantidad de prisioneros que en varias poblaciones africanas dos de cada tres habitantes fueron esclavizados.

La crueldad de los comerciantes de esclavos que los llevaban en barcos atestados en varios pisos uno sobre otro provocando la muerte a un gran número de ellos, imposibilitados a moverse en largos viajes que terminaban frecuentemente en América, demuestra que los consideraban con menos aprecios que los animales.

Hasta el siglo XIX, estaba muy difundida la idea de que los negros, que se consideraban descendientes de Caín, no tenían alma.

Con el despertar de la ciencia también se trató de sustentar al racismo sobre bases científicas. Se demostró con bombos y platillos que los niños negros tenían menor rendimiento en las escuelas que los blancos, sin tener en cuenta las enormes diferencias socioeconómicas que relegaban a los niños de color en guetos, abandonados a sí mismos y mal alimentados.

Se inventaron teorías como la de osificación prematura del cráneo de los negros que influía en un menor desarrollo cerebral.

Finalmente, la opinión pública reaccionó cuando el 21 de marzo de 1960 la policía sudafricana abrió fuego y mató a 69 personas en una manifestación pacífica contra la ley del apartheid.

Principio del fin del racismo

En 1966, la Asamblea General de Naciones Unidas proclamó el 21 de marzo como el día Internacional de la Eliminación de la Discriminación Racial convocando la comunidad internacional a redoblar sus esfuerzos para eliminar todas las formas de racismo.

En conclusión, durante la mayor parte del tiempo de su evolución, la humanidad consideró las diferencias raciales como una realidad demostrada que autorizaba los más fuertes a someter los más débiles. Una muestra de la tan difundida estupidez humana y sumisión a la opinión de la mayoría renunciando al sentido común, lo demuestra el hecho que son muy pocas, a través del tiempo, las voces que se levantaron en contra del inhumano racismo.

Solo algunos grandes hombres no respetaron la opinión políticamente correcta. Alejandro Magno pugnó, por ejemplo, para integrar su propia cultura con la de los países vencidos.

Le propuso matrimonio a Barsine, una de las hijas del vencido Dario, pidiendo correctamente antes la mano a su madre. Manifestó que no tenía ninguna cuestión personal contra Darío. Su amigo, comandante Hefestión, se casó con Dripetis la hermana de Barsine.

Instó a sus soldados a casarse con mujeres persas. Se celebraron bodas masivas de soldados griegos y mujeres de los pueblos vencidos. Alejandro concedía licencia a los soldados recién casados para viajar a Macedonia pasando el invierno junto a sus esposas.

Alejandro soñaba en una integración de pueblos que terminara con los conflictos.

Escipión el africano tampoco era racista y siempre trató los vencidos con respeto. Su principal aliado y amigo fue Massinissa rey de Numidia.

Trajano consideraba su sucesor más adecuado al fiel y brillante Lucio Quieto, príncipe bereber, hijo de un señor tribal del Marruecos.

Es realmente espeluznante descubrir que las ideologías más difundidas como el racismo hayan causado tanto daño y tan pocas personas la hayan cuestionado.

El miedo, los prejuicios, son inculcados desde la niñez. Estos males son complementados por una información sesgada, mal intencionada, que atribuye a otras etnias, como es el caso de los judíos, malas intenciones, mal comportamiento en perjuicio para los demás. Se los percibe como un peligro que nos acecha.

En la actualidad, a partir de fines del siglo XX, el racismo parece, en gran parte, superado. El avance de la tecnología y el abaratamiento de los transportes que conduce a permanentes intercambios entre pueblos han sido fundamentales. Hoy, por ejemplo, en grandes empresas como Amazon o Microsoft, donde la mayor parte del trabajo se puede hacer a distancia y que contratan centenares de miles de empleados, los equipos son siempre multinacionales y se acostumbran a no tener en cuenta el origen, ya que lo que vale es la capacitación y la actitud.

Exageraciones actuales

El peligro reside en la tendencia de las sociedades humanas de virar de uno a otro extremo del camino de la evolución.

Aparecen ya signos claros de esta nueva tendencia. Se ha revaluado el mito del buen salvaje, se considera infausta la fecha de la llegada de Colón a América, se difunde la creencia que las civilizaciones precolombinas eran superiores a la europea.

Una pequeña anécdota personal puede mostrar la sobreprotección a los descendientes de los pueblos antes sometidos.

Hacen algunos años exportábamos cerezas desde Argentina a Europa y estábamos sometidos a las normas de la Unión Europea. Se presentaron en la finca inspectores de nacionalidad inglesa para comprobar el cumplimiento. Al terminar me preguntaron si tenía cosechadores negros. Le contesté sorprendido que en Argentina no hay afroamericanos. Entonces debe tener indios, si no, está claro que está discriminando.

Por suerte tenía algunos bolivianos. Me pidieron verlos. Tuve que buscarlos en la finca presentarlos a los ingleses que quedaron satisfechos con el aspecto de mis cosechadores. Los que no quedaron conformes fueron los bolivianos que me amenazaron por haberlos discriminados.

Para no caer en nuevos dogmas inversos a los antiguos, deberíamos tomar conciencia que todas las civilizaciones humanas que han existido han cometido graves errores.

Si las dividimos en buenas, las que sufrieron sometimientos, y malas las occidentales dominadoras caeremos otra vez en mitos, el del buen salvaje, y un racismo a la inversa del anterior.

En todas las sociedades humanas han prevalecido las tendencias destructivas sobre la constructiva, el instinto de dominancia sobre el de colaboración.

Los aztecas, por ejemplo, esclavizaban los vecinos más débiles, los incas tenían una organización militarizada, de acuerdo con la cual no se permitían las libertades individuales. Siquiera tenían derecho a la privacidad en su casa. Debían dejar todo a la vista al primer jefe de diez familias, a su vez sujeto al de 100 familias y así siguiendo.

Todas las civilizaciones practicaban el sacrificio humano y el canibalismo ritual. En lo que respecta a su evolución técnica, todavía no habían descubierto la rueda.

La mayor parte de lo que enseña en las escuelas hoy como *"políticamente correcto"* tergiversa la realidad histórica.

Las personas que quieran mantenerse en la racionalidad deben firmemente defender la igualdad de derecho entre los hombres. Rechazar el racismo, pero juzgando las sociedades humanas con racionalidad, sin discriminar entre las buenas sometidas y las malas dominantes. Todas han cometido errores.

Es importante que el instinto de colaboración desplace al de dominancia causante de tantos lutos en la historia de la humanidad.

Debe iniciarse un nuevo ciclo histórico evaluando con objetividad y tratando de lograr la igualdad de oportunidades.

CAPÍTULO II:

LA PLAGA DEL MACHISMO

En las comunidades humanas paleolíticas ya se perfilaron roles distintos para los dos sexos. Los hombres unidos en grupos de cazadores intentaban sobrevivir buscando presas o recolectando vegetales comestibles. Las mujeres se veían impedidas a seguirlos por su rol reproductor que las obligaba a vivir en las cuevas para cuidar a su cría.

Dependían, en consecuencia, de lo que podían aportar los hombres para su subsistencia y la de los niños. También sufrían las desventajas de su menor fuerza física.

El largo periodo de crianza de los humanos los hace, en la niñez, dependientes de los adultos para subsistir. Si se suma la escasez de bienes se explica el surgir del núcleo familiar.

Primates como los gorilas practican también una monogamia social para enfrentar el largo periodo de desarrollo de sus crías.

La monogamia humana se produjo, según Opie, para que los machos pudieran alimentar y proteger a sus bebés. Para lograr ese objetivo los hombres y mujeres se unieron en parejas.

Es muy probable que las mujeres hayan sido las primeras agricultoras. Mientras sus hombres cazaban, ellas observaron, alrededor de sus cuevas, como algunas semillas germinaban originando vegetales comestibles.

Culturas mesopotámicas

Tenemos numerosas referencias respecto al papel que desempeñó el sexo femenino en las antiguas civilizaciones mesopotámicas: sumerios, hititas, babilonios, asirios.

Estos pueblos habían descubierto la escritura cuneiforme que consistía en la impresión de signos abstractos sobre tablillas de barro.

La escritura cuneiforme inició a finales del IV milenio a. C. y perduró hasta el siglo I d. C., En tres mil años de historia, se redactaron, al menos, unos 300.000 textos y muchos han sido recuperados en excavaciones arqueológicas.

En esas primeras civilizaciones, el rol de la mujer era de sujeción al hombre, primero el padre, después el marido, Al casarse la dote que aportaban era administrada por el marido.

La sociedad era básicamente patriarcal, aunque las mujeres parecían gozar de cierta independencia.

Si bien, las mujeres mesopotámicas quedaban relegadas a un segundo plano, existen pruebas en que también, en casos menos frecuentes respecto a los hombres, también compraban, vendían y podían concretar contratos.

No obstante, la generalizada y obligatoria sujeción a los hombres sean padres, hermanos o maridos, existían situaciones especiales en que las mujeres tuvieron oportunidades de actuación económica hasta política y jurídica.

Los textos de la época recuerdan mujeres de destacada actuación en la interpretación de piezas musicales en la corte.

Se dieron casos jurídicos en que fueron aceptadas sus instancias de desheredar hijos varones porque las abandonaban en la vejez.

Se confirma así que la sociedad patriarcal protegía a los sectores más vulnerables del sexo femenino, por ejemplo, las viudas, las niñas y hasta las divorciadas.

Las mujeres podían también desempeñarse en trabajo profesional como el de escribas. Hubo algunas que fueron reconocidas como reinas con todas las atribuciones correspondientes.

Antiguo Egipto

La civilización egipcia fue la que más contribuyó a revaluar el rol de la mujer. Solo en la actualidad, en occidente, después de miles de años, la igualdad de derechos entre los sexos superó a la valoración del sexo femenino que existía en esa época.

En la mitología egipcia, existen numerosas diosas. La imagen de la diosa Isis, por ejemplo, se asocia muy a menudo con la vida y la fertilidad. Las divinas adoratrices de Amón eran mujeres asignadas al servicio de Amón, igual que las hubo al servicio de la diosa Hathor, Atum, Min o Sobek. Eran consideradas *esposas del dios* aunque conservaban derecho al matrimonio y a tener hijos. Se les reconocían un gran poder espiritual, pero también un gran poder temporal.

Las mujeres podían alcanzar el rango de faraón. Las reinas faraón más conocidas fueron Nitocris, de la Dinastía VI, Neferusobek de la Dinastía XII, Hatshepsut de la Dinastía XVIII, Tausert de la Dinastía XIX. Por última, la famosa Cleopatra, famosa por su belleza y por sus amoríos con Julio Cesar y, después, con Marco Antonio.

Los egipcios preferían ser gobernados por una mujer de sangre real, divina, según la religión, antes que por un hombre que la tuviera, pero de nivel menor. En tiempos de crisis sucesorias, complicada por el hecho de que los faraones tenían hijos de diferentes castas según el rango de sus esposas, se elegía el de sangre más pura, aunque fuera una mujer. En ese caso, la reina faraón adoptaba todos los símbolos masculinos.

Jurídicamente existía una teórica igualdad, que se fue limitando con el tiempo, a medida que tomaron contacto con otras civilizaciones más machistas como la asiria y griega.

Las mujeres ocuparon puestos de escriba hasta de alta categoría en la administración, cargos muy importantes ya que manejaban la economía del país.

La familia era el núcleo social y económico de la sociedad del antiguo Egipto. Los hombres y las mujeres tenían los mismos derechos. La mujer era la guardiana del honor de la familia y el adulterio era muy mal visto y hasta castigado por la muerte. Si la esposa era estéril, se consideraba una grave maldición y el marido tenía derecho a tener hijos en concubinato, generalmente con esclavas. La esposa seguía jurídicamente manteniendo su estatus social.

Los matrimonios en el antiguo Egipto eran combinados por los padres y solo excepcionalmente por amor. El acto era administrativo, ya que los futuros esposos se inscribían frente a un funcionario. Se redactaban las actas matrimoniales donde aparecía la dote de la mujer, la regulación de los bienes en caso de fallecimiento y otros datos.

Era, en el fondo, un matrimonio civil regulado por la ley.

Después, los recién casados recibían una bendición en el templo.

La mujer egipcia mantenía su independencia aun después del matrimonio. Podían ser empresarias y ejercer una amplia variedad de oficios. Se destacaban como comadronas, tejedoras. Frecuentemente colaboraban con el negocio de su marido.

El reconocimiento de las actitudes femeninas en diferentes profesiones la elevaron a ser influyente y necesaria en la política del Antiguo Egipto.

Una de las especializaciones casi del todo reservada al sexo femenino fue la música y la danza.

las damas de la familia real y a las aristócratas tocaban varios instrumentos musicales y se especializaban en la danza.

Cultura griega

Las polis de la época homérica constituían una sociedad patriarcal.

A lo largo del siglo VIII a. C., la política de la ciudad estaba a cargo del *"círculo de ciudadanos"*, que no aceptaba a los extranjeros (metecos) y a los esclavos y excluía las mujeres. También se imponía un criterio selectivo en los *"clubes de hombres"*, que obligaban a las mujeres a reunirse en sus propios clubes femeninos.

Una excepción fue la ciudad de Esparta.

En esa ciudad, las mujeres gozaban de más libertad e igualdad de derechos que en el resto de la antigua Grecia. Estaba sometida a la educación impartida por el Estado.

El sistema educativo era obligatorio para ambos sexos e iniciaba temprano a los 7 años de edad, finalizando a los 18 cuando los jóvenes se casaban.

En Atenas y en el resto de las más importantes ciudades griegas, regía el patriarcado.

Las mujeres estaban bajo la autoridad de los hombres. Primero era el padre después el marido o los hermanos. Las mujeres no podían votar ni tener un empleo público, o poseer propiedades. Solo después de la reforma de Solón, tuvieron derecho a heredar la propiedad del padre, siempre y cuando no tuvieran algún hermano.

Las casas se dividían en dos sectores, el reservado a los hombres y el gineceo donde vivían las mujeres. Eran consideradas como algo débil, necesitadas de protección. Su principal función era el de esposa y madre, y se dedicaban a la educación y crianza temprana de sus hijos.

No acostumbraban a salir, salvo para traer agua, de manera que los pozos comunitarios constituían un lugar de reunión diario. A veces visitaban la casa de otra mujer.

Las excepciones a este encierro eran las bodas, los entierros y los festivales religiosos en los cuales las mujeres desempeñaban papeles públicos.

Los hombres se encargaban de la administración familiar.

Las mujeres dirigían el gineceo, podían tener sirvientes a su cargo y, además de cocinar y limpiar debían tejer la ropa de toda su familia.

Hilaban lana, preparaban y reparaban la ropa, vigilaban el estado de los alimentos, del grano y otras provisiones en la despensa,

Estaba a su cargo cuidar de los sirvientes enfermos.

La mujer griega pasaba la mayor parte del tiempo en el jardín de la casa, en donde tejía y cocinaba. Los enseres básicos de cocina eran escasos pequeño y ligeros. Se podían instalar fácilmente.

Las mujeres se protegían del sol con sombreros o mantas, porque el ideal de la belleza femenina era una tez clara.

En resumen, la mujer dirigía la casa y controlaba el dinero diario de la familia, aunque solo podía comprar cosas de poco valor, de uso cotidiano, no lo que tuviera más que un precio determinado.

Sus únicos entretenimientos eran la música, poesía, bailes y cantos.

El machismo era tan marcado que, según sus creencias, el hombre era el que ponía en la mujer el alma del futuro hijo.

Una curiosidad impactante de la civilización atenienses consiste en que se concedía más importancia y más derechos a las heteras, unas damas de compañía, que a a las esposas.

Los historiadores dividían las prostitutas entre ordinarias o pornai que se desempeñaban en los burdeles y las heteras refinadas e independientes. Estas últimas solían tener pocos clientes, a veces no más de uno al mismo tiempo, y rendían servicios exclusivos durante largos períodos. En algunos casos siquiera ejercían el sexo sino obtenían sus ingresos como artistas o modelos.

Las heteras recibían una buena educación, a diferencia del resto de las otras mujeres. Llegaban a ser económicamente independientes y se les reconocía socialmente y hasta podían tener poder, como ocurrió en el caso de Aspasia, la hetera de Pericles.

Eran las únicas que podían participar en simposios de eruditos, artistas y filósofos. Sus opiniones eran muy respetadas y solían participar activamente en la política.

Mientras Platón escribió versos sobre las heteras, Aristóteles no estaba de acuerdo con él sobre el tema de si las mujeres deberían ser educadas, pero ambos filósofos, sin embargo, consideran a las mujeres como inferiores. Aristóteles llegó a decir en una ocasión que la hembra es un macho deforme.

Rol de la mujer en la Roma antigua

La sociedad romana en sus inicios constituyó también un patriarcado.

La familia romana se estructuraba en torno al hombre. El paterfamilias era la autoridad máxima en la casa con derecho de vida o de muerte sobre todos sus miembros.

La mujer romana, de todas maneras, gozaba de mayor libertad que la mujer de la Antigua Grecia.

Cuanto más alto era su rango social, de menos libertad gozaba, aunque al mismo tiempo aumentaba su trabajo de administradora de la casa. Debía mandar a toda la servidumbre y supervisar el funcionamiento de las gestiones que se ejercían en el ámbito doméstico.

El acontecimiento más importante de su vida era el matrimonio. No requería de ceremonia especiales, aunque los contratos matrimoniales garantizaban que una pareja estaba de hecho casada.

En la primera etapa de Roma, los matrimonios más comunes eran *"cum manu"* Significaba que la mujer quedaba bajo la potestad de sus maridos, aunque en menor medida que sus hijos.

Los ritos ya anticipaban las principales funciones de la mujer. Por ejemplo, después del tradicional banquete, un cortejo acompañaba a la novia a casa de su marido. Ella debía llevar un huso y una rueca como símbolo de una de las actividades domésticas que la esperaban después del matrimonio.

Después de parir el primer hijo, la mujer se convertía en matrona y se consagraba a su educación y cuidado. Lo mismo que haría con los que siguieran.

En un matrimonio *"cum manu"* la dote de la esposa y cualquier propiedad que adquiriese pertenecían al marido.

Las mujeres debían obedecer a sus esposos sin excepción, aunque el hombre debía portarse correctamente. No podía, por ejemplo, golpear a la esposa ni a los hijos. Si lo hacía la mujer podía pedir el divorcio y denunciar penalmente a su marido.

El matrimonio constituía también una herramienta para preservar la herencia familiar gracias a los hijos que en él se engendraban.

Si un *"pater familias"* moría sin testamento, sus bienes se repartían entre los hijos, sin tener en cuenta su edad o sexo.

Con el pasar del tiempo, la mujer romana obtuvo una mayor independencia y libertad.

Ya en el siglo I d.C, la mayoría de los matrimonios se realizaban *"Sin manu"* que no daba ningún derecho al marido sobre su esposa.

Una mujer casada con esa modalidad se convertía legalmente en *"sui iuris"* y podía poseer propiedades y tener negocios propios.

En el periodo final de la República las mujeres gozaban de mayor libertad para su manejo económico. Se dedicaban frecuentemente a los negocios. Se preocupaban por ganar. Dirigían su casa, manejaban su plata, invertían, prestaban dinero o lo pedían prestado.

El divorcio era legalmente aceptado desde la primera etapa de Roma. La esposa dejaba la casa de su marido y recuperaba la dote.

El código legal de mediados del siglo V a. C. conocido como la Ley de las Doce Tablas contemplaba el divorcio. El marido se quedaba con los hijos, a menos que se pudiese probar que era irresponsable.

El adulterio era considerado causal de divorcio y, en algunos casos, también la comprobada esterilidad de la esposa.

En un matrimonio *"sine manu"* el divorcio se veía facilitado por el hecho de que las propiedades se mantenían separadas.

Las mujeres teóricamente debían ser excluidas de la política. No podían tener cargos públicos ni incorporarse al ejército. Sin embargo, se conoce el caso de mujeres que adquirieron mucho poder como Agripina o Messalina.

En el ámbito religioso, las vestales, que debían mantenerse vírgenes, podían considerarse sacerdotisas y podían lograr un gran poder. Se dedicaban a ritos consagratorios necesarios para asegurar la grandeza de Roma, y solo ellas los podían cumplir excluyendo los sacerdotes masculinos.

En síntesis, aunque la sociedad romana pueda considerarse un patriarcado y las mujeres no lograron una igualdad de derechos, sin embargo, fueron muy respetadas y bastante protegidas por la legislación, en especial en los periodos de la república y el inicio del imperio.

La mujer en la época medioeval

La sociedad medioeval constituía un patriarcado fuertemente estratificado socialmente. tanto para hombres como para mujeres. Nacían y morían en el mismo rango social. Si se nacía campesino se moría como campesino.

En el rango superior, las mujeres de la nobleza podían educarse, no solo en estudios básicos para aprender a leer y escribir, sino también evolucionar en estudios superiores con inclinación hacia las artes y la música. No tenían preocupaciones económicas.

Una prueba de su sumisión eran los matrimonios concertados generalmente por intereses políticos y económicos, sin tener en cuenta los sentimientos de las mujeres, obligadas a casarse con el candidato elegido por la familia.

Su principal objetivo era el de establecer vínculos familiares entre la nobleza.

Las religiosas seguían en jerarquía a las nobles.

La Iglesia Católica tenía mucho poder económico y social, de manera que ser aceptados en su seno como religiosa otorgaba seguridad de poder satisfacer las necesidades básicas y gozar de protección. aunque fueran sometidas a rígida disciplina. No podían hablar con hombres, ni comer antes de las horas fijadas.

Debían trabajar hilando y aprender a leer, ocupación que las entretenía como mínimo dos horas diarias. Estas obligaciones les permitían tener acceso a una mejor educación, ya que los clérigos eran de las pocas personas que sabían leer y escribir. Constituía una ventaja para tener más poder con relación a la mayoría campesina analfabeta.

Algunas mujeres que entraron en las órdenes religiosas se lucieron en la literatura mística, pero, si reclamaban igualdad de derechos en ser amadas por Dios, podían caer bajo las garras de la inquisición.

Muchas mujeres decidían hacerse monjas no siempre por vocación religiosa, sino porque era una forma de huir de la pobreza. También se aseguraban mayor independencia y libertad que el matrimonio y la vida familiar.

Era frecuente que mujeres nobles se encaminaran a la vida religiosa para huir de matrimonios concertados con hombres que no amaban y, a veces aborrecían.

En un tercer estrato social, se ubicaban las mujeres del pueblo, generalmente campesinas. No solamente se encargaban de los trabajos domésticos y al cuidado de los hijos, sino que ayudaban al hombre en sus trabajos de campo.

Se encargaban de la granja casera desde los cerdos a las gallinas. Se levantaban temprano para ordeñar las vacas, se encargaban de la siembra en los campos.

Su papel económico era muy importante: realizaban las tareas agrícolas como los hombres.

En el último estrato social se ubicaban las prostitutas. Esa situación era la peor, ya que eran mujeres marginadas, muchas veces sin tener culpas, puesto que, en muchos casos, se trataba de mujeres echadas de las familias por haber sido violadas, en otros, habían quedado sin recursos al quedar viudas, a veces con hijos a cargo.

En todos los estratos sociales, la mujer era marginada respecto al hombre, sometida a él. Uno de los riesgos de intentar lograr un mayor nivel de independencia era la acusación de brujería que frecuentemente se originaban en sus mismos familiares.

La cacería de brujas se intensificó a partir del 1400. Cualquier mal desde una peste a una helada que diezmaba los cultivos o la muerte inesperada de un niño se atribuía a las prácticas satánicas de las brujas. Era suficiente que tres personas se pusieran de acuerdo para acusar otra de brujería para que interviniera la Inquisición para interrogar, bajo tortura, a la acusada.

Miles de mujeres fueron, perseguidas por practicar la brujería y muchas fueron quemada por el influjo de una sugestión colectiva. La Inquisición actuaba basada en las denuncias de los testigos, que se declaraban seguros de la condición de *"bruja"* de las acusadas.

Se había generalizado otra perversa ideología como ha ocurrido en forma recurrente en la historia de la humanidad. Se desencadenó un vendaval olvidando toda racionalidad e imponiendo a toda la población sentimientos negativos de odio y resentimiento que se canalizaban en contra de un supuesto enemigo. Las brujas fueron el nuevo chivo expiatorio de la cristiandad que necesita siempre encuadrar a sus fieles en la lucha en contra de lo que se considera diabólico, como antes lo habían sido los herejes y los judíos.

Levantar una bandera, obligar a todo el mundo a seguirla como un ejército disciplinado en contra de enemigos que se describen como la encarnación del mal que debe extirparse, ha sido siempre una forma de consolidarse en el poder, de justificarse como los salvadores de la humanidad.

De esa manera, se consideraba *"políticamente correcto"* atribuir todos los males que padecía la humanidad a una secta adoradora del diablo que profanaba los sacramentos cristianos y que cometía los delitos más infames como matar y comerse niños.

La cacería de brujas fue otro ejemplo más de la tendencia de la humanidad a tomar decisiones estúpidas en nombre de teorías sociales histéricas que jamás ofrecen pruebas objetivas de sus dogmas.

La víctima más conocida de la caza a las brujas fue Juana de Arco, la doncella de Orleans que se distinguió combatiendo en la guerra de los 100 años en contra de los ingleses.

Fue capturada y procesada por el obispo Pierre Cauchon por acusaciones de brujería.

Declarada culpable, fue quemada en la hoguera el 30 de mayo de 1431, cuando tenía solamente 19 años.

El rol de la mujer en la edad moderna.

La edad moderna inicia en 1492 con un acontecimiento: el descubrimiento de América, en el que fue fundamental el apoyo de una mujer: Isabel, la católica.

Otras mujeres marcaron la historia como gobernantes en la edad moderna.

La más destacada fue Elisabeth I, reina de Inglaterra que puede considerarse la fundadora del Imperio inglés.

Entre las otras que tuvieron un rol importante valga como muestra la de Catalina de Rusia, la emperatriz María Teresa de Austria, Catalina de Aragón, Isabel Clara Eugenia, María de Medici. Estas mujeres accedieron al gobierno por herencia, en su mayor parte o por matrimonio.

En general, sin embargo, también la edad moderna constituyó un patriarcado.

Las mujeres nobles se dedicaban a educar sus hijos y dirigir la casa. Las campesinas complementaban las tareas de la casa con las de cuidado de la granja casera y otras tareas agrícolas.

En el servicio doméstico se difundió el trabajo a domicilio.

El siglo XVIII, de la Ilustración, inician las esperanzas y los reclamos para una mayor independencia de la mujer. Los cambios, sin embargo, se mantuvieron más en la teoría que en logros prácticos. Es remarcable, sin embargo, un cierto cambio de mentalidad en los hombres que mantenían el poder.

La toma del poder por parte de la burguesía no introdujo los cambios esperados en la igualdad de derechos de la mujer a pesar de sus reclamaciones.

En septiembre de 1793, el movimiento femenino de la *"sans-culotterie"* logra forzar una votación que las autoriza a llevar la escarapela tricolor.

Desde 1789 la escarapela era un símbolo de ciudadanía. Al lograr llevarla, la mujer adquiría el estatus de ciudadana.

Los requerimientos de las mujeres se intensificaron en el siglo XIX, al final del cual surgieron los primeros movimientos feministas.

El éxodo rural y la industrialización abrieron nuevas fuentes de trabajo femenino, aunque, en esa primera etapa, la situación laboral era pésima para ambos sexos. Se caracterizaba por tareas duras, frecuentemente en trabajos insalubres y con horarios de trabajo excesivos que no dejaban tiempo suficiente para el descanso. Los sueldos de las mujeres eran más bajos que los de los hombres.

En el campo profesional, las mujeres seguían siendo relegadas, ya que su acceso a las Universidades era casi nulo.

También seguían excluidas del voto y, en consecuencia, su aporte a la política era insignificante. Sin embargo, esa situación empezó a cambiar cuando Nueva Zelanda reconoció el derecho al voto femenino en 1893. Fue un acontecimiento de capital importancia.

El nuevo siglo XX se produjo poco a poco un cambio orientado a la igualdad de derechos. En los años 20, los años locos, la mujer ganó mucha más independencia para salir de su casa.

Finlandia, en 1907, también les reconoció el derecho a votar. En 1920 se aprueba la 19° enmienda en Estados Unidos que reconocía el derecho de votos a los dos sexos. En 1931 fue España, siguieron poco a poco otros países.

Durante la segunda guerra mundial, las mujeres desempeñaron funciones antes reservadas a los varones y también fueron militarizadas. Las propias mujeres tomaron conciencia de que eran capaces de hacer mucho más de lo que acostumbraban a hacer. Finalizada la guerra, la mujer tenía derecho al voto en prácticamente todos los países occidentales.

Poco a poco en todos ellos se empezaron a reconocer los derechos relegados de las mujeres.

En 1948, las Naciones Unidas aprobaron la Declaración Universal de los Derechos Humanos, en cuyo artículo 21 dice:

1. Toda persona tiene derecho a participar en el gobierno de su país, directamente o por medio de representantes libremente, escogidos.

2. Toda persona tiene el derecho de acceso, en condiciones de igualdad, a las funciones públicas de su país.

3. La voluntad del pueblo es la base de la autoridad del poder público; esta voluntad se expresará mediante elecciones auténticas que habrán de celebrarse periódicamente, por sufragio universal e igual y por voto secreto u otro procedimiento equivalente que garantice la libertad del voto.

En la década de los sesenta y setenta se produjo una revolución cultural, no siempre favorable, pero que dio el impulso final al principio de una igualdad de derechos entre ambos sexos.

Los logros obtenidos han sido fundamentales. En este siglo XXI, por ejemplo, el porcentaje de estudiantes femeninas en las Facultades de Ciencias Sociales y Humanísticas superan ampliamente al de los varones. Solamente en las Facultades de ingeniería es menor, probablemente por una cuestión de aptitudes.

En el siglo XXI quedan algunos remansos de discriminación exagerados por los movimientos feministas. Es cierto, por ejemplo, que la Iglesia Católica todavía no admite sacerdotisas, pero también podría citarse discriminaciones en contra de los varones. Por ejemplo, a pesar de que viven, en promedio unos cuatro años menos que las mujeres su edad jubilatoria es mayor en cinco años que el del sexo femenino, en muchos países.

En síntesis, podemos decir que finalmente ha terminado, después de muchos siglos, la dominación injusta del varón sobre la mujer. Durante todo ese tiempo, se impuso un modelo social irracional, basado en la falsedad de una pretendida superioridad masculina en todos los campos que fue impuesta como políticamente correcta a toda la población. Pensar lo contrario, revaluando las aptitudes femeninas significaba ser marginado y considerado un hombre virilmente inferior.

El peligro del feminismo exasperado

Ahora que el vendaval del machismo amainó es importante pensar racionalmente y evitar que surja otra tormenta feminista, en sentido opuesto. Debe evitarse la tendencia humana a crear quiméricas teorías sociales.

En esta segunda década del siglo XXI, surgen síntomas preocupantes de una nueva involución fanática.

La igualdad de género, hoy tan promocionada y considerada políticamente correcta, es una estupidez que se difunde desde Universidades degradadas. Es absurdo querer negar el dimorfismo sexual que caracteriza la especie humana, las animales y las vegetales.

El cuerpo es distinto, aunque quiera disfrazarse con el unisex, las actitudes también.

Se debe defender a muerte la igualdad de oportunidades y de derechos que nada tienen que ver con el transexualismo.

En las Universidades se pretende cambiar hasta el lenguaje. El inclusivo pretende reemplazar con terminaciones neutras las actuales masculina y femenina. Se rechazan las diferencias de género. Ya no se distinguirá entre niños y niñas sino hablaremos de niñes.

Es increíble que se pretenda imponer un lenguaje nuevo desconociendo que todos los idiomas han surgido democráticamente desde abajo, flexibilizados por el uso cotidiano y nunca impuestos desde arriba por la soberbia de una institución académica.

También se pide anular en documentos oficiales la pregunta sobre a qué sexo pertenece una persona.

Es claro que se quiere imponer una nueva ideología, emprender una cruzada abandonando la racionalidad y siguiendo la triste tradición humana de seguir como rebaño la teoría social dogmática de moda y alinearse con lo *"políticamente correcto"* de cada época.

Parece adquirir fuerza el vendaval del feminismo exasperado. Surgen voces de fanáticos recordando que la mujer tiene la función ineludible de asegurar la supervivencia de nuestra especie. Los hombres pueden ser reemplazados con un buen banco de esperma y la tecnología del futuro también podrá clonar los espermatozoides.

¿Hasta dónde podrá llegar el feminismo? Con el tiempo debería prevalecer el sentido común, pero mientras los daños colaterales parecen graves.

La estabilidad del matrimonio tiembla, Mas de la mitad termina en divorcio según las estadísticas mundiales del 2020 sobre el tema. La edad promedio para casarse supera los 32 años en varones y se acerca a los 30 para las mujeres.

El contrato matrimonial no se respeta. Por ejemplo, al enunciar los derechos y los deberes de los cónyuges, el art. 431 del Código Civil argentino expresa textualmente: *"Los esposos se comprometen a desarrollar un proyecto de vida en común basado en la cooperación, la convivencia y el deber moral de fidelidad. Deben prestarse asistencia mutua"*.

Antes eran los hombres los más infieles, ahora la proporción es casi igual en los dos sexos. El adulterio es aceptado por la sociedad sin tener en cuenta que, a veces puede causar daños morales irreversibles a la pareja.

Valga un ejemplo de cómo se aplica la ley. En un matrimonio mendocino de cuarentones con 4 hijos, tres mayores de edad, el marido descubre la mujer en fragrante adulterio.

El amante se escabulle y el marido enfurecido le propina un cachetazo a su mujer, causándoles un hematoma. La mujer lo denuncia a la policía que lo mantiene bajo arresto durante 24 horas. Se inicia un juicio por lesiones que no está terminado después de 4 años y se conmina el marido al alejamiento, obligándole a abandonar su casa. La familia es de escasos recursos y el daño económico es muy grave. El marido debe encontrar otra vivienda y cuando lo consigue, los tres hijos mayores deciden vivir con él, indignados con la madre.

Es un caso típico para demostrar como la justicia esclerotizada puede producir enormes daños para castigar una lesión mínima de una cachetada. Se usan los mismos procedimientos para el caso de lesiones leves que el de un asesinato. Se tardan años para cerrar un expediente que se basa en una simple bofetada donde no hay nada para investigar, todo está claro. Se desconoce la importancia del daño moral sufrido.

En la época romana, en caso de adulterio, el marido estaba autorizado a matar la esposa y el amante. Actualmente la adultera es justificada y protegida. Son ejemplos de cómo el hombre sigue tomando decisiones desequilibradas a través del tiempo.

El énfasis en las nuevas ideologías feministas surge en las Universidades. Por ejemplo, en la Universidad Nacional de Cuyo, una de las más importantes de Argentina, el nuevo Estatuto establece que las funciones de Rector y Vicerrector no puedan ser ejercida por dos individuos de sexo masculino, en uno de los dos cargos debe estar una mujer. En cambio, se admite que las dos funciones puedan ambas ser ejercida por mujeres.

Reglamentaciones de este tipo, no solo violan el principio de la meritocracia que debería ser fundamental en una Universidad, sino el de igualdad entre los sexos.

Por otra parte, las protestas feministas se inclinan sin pudor a establecer un matriarcado. A veces son absurdas. Por ejemplo, se indignan porque los jugadores de futbol masculinos ganan mucho más que los femeninos, igual ocurre en otros deportes, sin tener en cuenta que los ingresos se basan en los millones de espectadores que se interesan por esos espectáculos. Cuando las mujeres lograrán atraer la atención de igual número de personas lógicamente ganarán igual.

En síntesis, queda claro que el actual vendaval ideológico tiende a establecer un matriarcado.

La especie humana ha constituido una sociedad donde el hombre era el mayor accionista dominando a la mujer. Ahora, después de siglos, estamos llegando a una paridad que no es estable, porque se han invertido los papeles y seguimos priorizando el instinto de dominancia, incapaces de llegar a la racionalidad de una pacífica colaboración. Las relaciones entre sexos siguen tensas, la violencia de género no ha desaparecido y aumentan los feminicidios por parte de hombres inadaptados.

CAPÍTULO III:

LA LIBERTAD SEXUAL

La función reproductiva

Una función fundamental de todos los seres vivos vegetales y animales es la reproductiva. Es la más importante holísticamente porque otras como comer o beber hacen a la supervivencia del individuo, la reproducción asegura la continuidad de la especie en su conjunto.

Si se compara la sexualidad de la especie humana respecto a los animales más evolucionadas, se encuentra muchas semejanzas respecto a la constitución de los órganos masculinos y femeninos, pero también muchas diferencias en especial en la frecuencia de los actos sexuales y la imposibilidad para los animales de violar, frecuente, en cambio, en la especie humana.

Respecto al primer punto baste observar que cuando las hembras maduran, sólo aceptan al macho durante el período mensual de celo, un mamífero como la vaca puede tener una relación sexual cada dos años o poco menos si se considera el largo periodo de gestación y el sucesivo amamantamiento. En otras especies de menor tiempo de gestación la frecuencia es un poco mayor, aunque no comparable con la humana.

La variabilidad es tan grande que existen excepciones. Entre los primates Los bonobos, los más parecidos al hombre tienen relaciones sexuales frecuentes, porque las hembras no están limitadas al estro y siempre están dispuestas a la cópula, a excepción del tabú madre-hijo.

El motor que empuja a reproducirse en los humanos es el placer, en los animales depende de su estado evolutivo. Es difícil pensar que un protozoo se multiplique por placer. En el fondo, existe una especie de imperativo categórico de tipo kantiano que empuja a la reproducción aun en especie como las abejas en que el acto significa la muerte del macho.

La conducta sexual humana es mucho más compleja que la animal donde siempre predomina el instinto. El impulso biológico es importante, pero el control de la sexualidad es voluntario, intervienen el afecto, los sentimientos. El instinto no es el solo determinante.

En muchas culturas como el Taoismo, el acto sexual tiene connotaciones religiosas y espirituales.

El cortejo es otro ritual que caracteriza a las especies animales y también a la humana. En el resto de las especies animales, el cortejo persigue el objetivo del apareamiento con fines reproductivos que garantiza la subsistencia de la especie.

En el ser humano, se trata de un proceso que se desarrolla para establecer una relación íntima con otra persona. En la cita con intenciones de cortejo los machos tratan de mostrar sus mejores cualidades, y hacer cualquier cosa que crean atractiva para la hembra.

En las aves, el dimorfismo sexual permite al macho lucir plumajes atractivos, tal es el caso de los faisanes, del pavo real y, en las especies domésticas, el gallo.

El cortejo difiere en las diversas especies. Puede incluir diversos rituales que consisten en exhibir atributos físicos e incluso enfrentarse a otros machos. Las hembras estimulan el cortejo. Los leones, por ejemplo, pueden perseguir a las hembras hasta dos días con sus cortejos para lograr aparearse.

En el hombre el cortejo se inicia después de una cita previa cuyo objetivo es socializar para conocerse mejor.

Se trata de descubrir si la pareja es compatible y si se podría iniciar una relación más íntima. Para ello se suele intercambiar información sobre el carácter y las preferencias de la otra persona. Interesan las preferencias personales, los hábitos, los atractivos físicos, las opiniones en temas de matrimonio, la sexualidad, la disponibilidad a tener hijos y otras cuestiones sociales sobre situación económica e ideas políticas.

La condición de que el cortejo tenga éxito es descubrir una alta compatibilidad, si es baja, la relación se termina.

La sexualidad en la prehistoria

En la prehistoria, la especie humana carecía de conocimientos objetivos que reemplazaba con los mágicos.

Sin embargo, los estudios arqueológicos más recientes tienden a confirmar que hacen más de 40.000 años A.C que se relacionó la cópula con la gravidez de las mujeres.

A partir de ese momento se incrementó la tendencia hacia la monogamia. La mujer ya no fue tan libre para disfrutar su sexualidad ya que el hombre, al descubrir que su semen era el que iniciaba el proceso de gestación, inició la defensa de su paternidad y desarrolló el instinto de protección y posesión de la que consideraba su prole.

Para asegurarse la exclusividad trataba de evitar que su mujer tuviera relaciones sexuales con otros machos.

A cambio de esa exigencia ofrecía su disponibilidad para proteger a su mujer y proveer a satisfacer sus necesidades de supervivencia.

A partir, parece, de los 25.000 años ante Cristo, nuestra especie inició el desarrollo de los placeres del sexo más allá de la reproducción. Es más, parece que en el paleolítico superior se practicaba también la homosexualidad.

La sexualidad en la era antigua

Los egipcios no fueron tan abiertos al sexo como los griegos y los romanos de la época imperial, En las pinturas, son frecuentes las alusiones veladas a la sexualidad. De ellas y de los juegos de palabras se deduce que los egipcios ya conocían todos los más frecuentes juegos sexuales.

Sin embargo, la solidez de la institución matrimonial en ese antiguo pueblo avalaba una mayoría de relaciones monogámicas heterosexuales.

Muy distintos fue el comportamiento de los atenienses. Los varones griegos estaban liberados de todo freno sexual. El comportamiento de un individuo no era constante cambiando en el tiempo de la homosexualidad a la heterosexualidad y viceversa.

Las prácticas sexuales, sin embargo, a diferencia de lo que ocurre en la actualidad, no estaban vinculadas a la personalidad del individuo. Nadie en Grecia hubiera siquiera pensado en considerar afeminado a un homosexual. No influían en la identidad de quien las practicaba.

Por eso resulta difícil definir el comportamiento de los varones griegos. Lo más adecuado es definirlos como bisexuales, aunque tampoco parecidos a los que conocemos en la época actual por la total diferenciación que tenían entre las prácticas sexuales y el comportamiento.

Practicaban el sexo como una función corporal cualquiera, sin involucrar, en la generalidad de los casos, los sentimientos.

Las mujeres casadas, recluidas en los gineceos, no tenían la libertad sexual y eran más fieles a los maridos.

En cambio, las heteras estaban siempre disponibles y es curioso pensar que estas damas de compañía merecieran más respetos y tuvieran más derechos que el resto de las pertenecientes a su sexo.

Podemos considerar la sociedad ateniense como muy marcada por un machismo por considerar a la mujer como subordinadas al hombre, un ser inferior que no era digno de atención en una obra literaria o filosófica.

La época romana puede clasificarse en tres etapas respecto al comportamiento sexual.

La primera está centrada en la familia monogámica que no otorgaba mucha importancia a la sexualidad. La mujer debía ser fiel al marido ya que este tenía derecho de matarla a ella y al amante en caso de adulterio.

La segunda etapa que surge en el primer siglo A.C y se desarrolla después en los tres siglos siguientes se caracteriza por costumbres sexuales copiadas de los griegos con libres prácticas de homosexualidad que tampoco incidían en la personalidad.

La mujer también se liberó sexualmente con la consecuencia de aumentar los divorcios y las separaciones.

La tercera etapa inicia con el triunfo del cristianismo en la época de Constantino. La nueva religión solo acepta el sexo en función de la reproducción y es fuertemente represiva con relación a la sexualidad. La monogamia se consolida y los divorcios no son aceptados.

Cristianismo y sexualidad

El rechazo de la sexualidad sin un fin reproductivo por parte de las iglesias cristianas, en general. radica en la concepción dualista de cuerpo y alma como opuestos entre ellos.

El cuerpo se considera como la cárcel que encierra el alma. nos impide contemplar la verdad y sus deseos y apetencias son la causa de los grandes conflictos que aquejan la humanidad. El alma constituye la esencia pura de la persona.

En las cartas de San Pablo se condensan estos pensamientos: *"Proceded según el espíritu, y no déis satisfacción a las apetencias de la carne. Pues la carne tiene apetencias contrarias al espíritu, y el espíritu contrarias a la carne, como que son entre sí tan opuestos que no hacéis lo que queréis... Las obras de la carne son: fornicación, impureza, libertinaje, idolatría, hechicería, odios, discordias... Los que son de Cristo han crucificado la carne con sus pasiones y apetencias"* (Gálatas 5, 16 ss).

San Pablo fue el primero en clasificar los pecados en una casuística. Muchos se relacionan con la sexualidad. Toda eyaculación fuera del matrimonio y aun dentro del matrimonio que no tenga una finalidad reproductiva es considerada pecado grave que debe ser confesado y absuelto para merecer el cielo.

"Carne y espíritu aparecen como dos principios que caminan en dirección contraria " (Gálatas 5, 16 ss).

Los sacerdotes y todos los religiosos o religiosas consagradas deben practicar el celibato y abstenerse de practicar sexo. El objetivo de esta exigencia es permitir la dedicación total a Dios y a la misión que deben cumplir.

Se supone que los instintos sexuales reprimidos se subliman. Eso significa que la libido puede canalizarse hacia objetivos espirituales superiores.

La realidad es diferente, puesto que la práctica sexual es una función corporal, parecida y aún más poderosa que la de comer o beber.

Los psicólogos modernos que han estudiado el problema concuerdan que la castidad absoluta constituye un factor de riesgo que facilita la aparición de alteraciones psicosexuales. Induce a una doble vida hipócrita que, en muchos casos ha considerado el abuso sexual como una solución perdonable.

Para cada necesidad corporal existen satisfactores apropiados. Para el hambre la comida, para la sed el agua, para el amor el afecto, para el sexo el apareamiento.

Si la represión de una necesidad básica se prolonga en el tiempo, termina alterando todo el funcionamiento físico y psicológico de la persona. El hambre insatisfecha a largo plazo influye en trastornos graves de la personalidad, a parte de los daños corporales.

El aparato genital se atrofia si no cumple su función y el carácter se desequilibra se hace más irritable, carece de comprensión e interés por los demás.

En la lógica cristiana el cuerpo de la mujer es una fuente de tentación e induce a la lujuria. Por eso debe estar lo más posible tapado con velos y vestidos largos que no revelen la forma del cuerpo.

Se considera que el cuerpo de la mujer no puede representar a Cristo. No tiene la autoridad para perdonar los pecados ni es portadora de gracia por su innata sensualidad En consecuencia, no puede ser sacerdote.

El cuerpo de las mujeres no debería gozar sensualmente porque su deseo sexual conduce al alejamiento del Espíritu Santo y de la presencia de Dios. Esta imagen negativa del cuerpo femenino fue decisiva en las condenas de la Inquisición contra las mujeres.

Otro principio cristiano siempre ligado a la aceptación del sexo solo con fines reproductivos es la condena a todo anticonceptivo y la obligación de que un matrimonio debe aceptar todos los hijos que Dios le mande.

Es una demostración más del enorme desfasaje que pueden alcanzar los ideales inflexibles y dogmáticos.

Tener una gran cantidad de hijos podía ser necesario para asegurar la continuidad de la especie en épocas, como la de los egipcios, en que la esperanza de vida era solo de veinte años y era imprescindible reponer las pérdidas, pero es inviable en la actualidad en que la mortalidad infantil casi está anulada y la esperanza de vida llega a los 80 años.

Si todo matrimonio tuviera diez o más hijos el crecimiento de la población mundial llegaría a un nivel de hacinamiento y destrucción de recursos que conduciría indefectiblemente a la ruina de nuestro planeta.

Es difícil de creer que conceptos sin sustento práctico hayan perdurado en el tiempo más de veinte siglos.

Todavía en esas primeras décadas del siglo XXI no se aceptan sacerdotisas y se insiste en el celibato de los Religiosos a pesar de los escándalos de denuncias por abusos de menores confiados a la Iglesia.

El ideal sexual en otras religiones

En general todas las religiones han sido restrictivas respecto a la sexualidad tratando de canalizarla en el matrimonio.

El Islam considera la sexualidad como un don divino. El acto sexual es agradable a los ojos de Dios, puesto que la sexualidad es algo que Él puso en las criaturas. Por eso, se puede perseguir el placer, aunque no siempre tenga como finalidad la procreación.

Si se logra la armonía sexual también se puede alcanzar la espiritual.

Sin embargo, desde el tiempo de Mahoma se obliga a canalizarla por el cauce del matrimonio que la hace lícita.

El Islam no exige el celibato a sus sacerdotes, ya que considera que el matrimonio es el estado natural del ser humano.

No se admite la homosexualidad que está muy severamente castigada. La sodomía todavía lleva todavía a la pena de muerte en Irán, Arabia Saudita, Emiratos Árabes Unidos, Yemen, Sudán y Mauritania.

La religión permite la poligamia desafiando las actuales normas morales respecto a la igualdad de derechos entre sexos.

La mujer adúltera puede ser castigada con la muerte.

En lo que concierne al aborto algunos jurisconsultos islámicos lo declaran permitido antes de 40 días después del embarazo porque el embrión aún no se convirtió en feto. Después de los 42 días de embarazo es permitido solamente en caso de riesgo para la madre.

La sociedad islámica es muy represiva respecto a la mujer, como es bien sabido. El régimen talibán es el más fanático restringiendo los derechos de las mujeres al estudio en escuela pública, a la atención médica y obligándola a andar siempre acompañada por hombres y tapada.

En el budismo deben distinguirse los laicos de los religiosos. A los primeros se le concede el derecho a la sexualidad obedeciendo cinco reglas restrictivas. Se prohíbe el adulterio la pedofilia, la violación y toda conducta sexual que conlleven el sufrimiento de otras personas involucradas.

Los monjes están sujetos a 250 reglas de disciplina, entro ellas la prohibición de la actividad sexual. Es muy posible que el budismo haya influenciado el cristianismo en ese aspecto.

Las Nobles verdades budistas enseñan que la causa del sufrimiento es el apego y el deseo que deben ser erradicados para alcanzar el nirvana.

En el hinduismo la ley considera ilegal toda relación sexual que viole la monogamia. No se restringe, sin embargo, ninguna actividad sexual en particular, ya que se consideran asuntos estrictamente privados.

La mayor parte de los hindúes son reacios a manifestar abiertamente cuestiones relativas a la sexualidad. Las demostraciones de afecto en público son reprobadas como actos de mal gusto.

En síntesis, todas las religiones durante siglos han tratado de apoyar la monogamia y protegiendo el matrimonio heterosexual.

La liberación sexual moderna en occidente

A partir de fin del siglo XX se produjo una verdadera revolución en lo atinente a liberación sexual. Se consideró que es una función importante del ser humano y que debe ser respetada. Se redujo la edad de las primeras experiencias sexuales entre los jóvenes y se derribaron muchos tabúes sobre el tema del sexo. El avance fue progresivo e imparable. Se igualaron los derechos a la sexualidad de hombres y mujeres. Se aceptó la homosexualidad como una inclinación que debía ser respetada.

En pocos años se concedieron, en relación, al sexo las mismas libertades que se dieron en la época de Atenas y del Imperio romano.

Debería considerarse un avance considerable haberse librado de tabúes seculares completamente irracionales. Se produjo un rechazo a toda forma de ascetismo que se manifiesta como un desprecio hacia el cuerpo, sin entender que contemporáneamente se castiga el espíritu.

Sin embargo, la tendencia humana a la exageración originó altos costos a la liberación sexual.

Se desató una verdadera orgia con una enorme expansión de imágenes o descripciones de sexo explícito y pornografía de todo tipo en la literatura, la televisión y los medios de comunicación masiva.

En primer lugar, en los aspectos negativos, se ubica la falta de respeto a la monogamia familiar. Esto llevó a un enorme incremento de los divorcios y la preferencia de las parejas modernas por el concubinato. Se olvida que la base de la sociedad es el núcleo familiar. Por eso todas las religiones más allá de sus errores y diferencias coincidieron en su defensa.

El todo parece el principio del *"Un mundo feliz"* de Huxley en el cual el sexo debía ser promiscuo, jamás limitado a una sola pareja y carente de sentimientos y afecto.

Muchos planificadores de salud están de acuerdo que el vendaval de la sexualidad. aceptando cualquier práctica, ha tenido consecuencias negativas. Las personas suelen tener muchas parejas sexuales. Estas actitudes contribuyen a la pandemia del SIDA y al aumento de otras infecciones de transmisión sexual. Otras consecuencias negativas son los embarazos de adolescentes, los abortos, los niños abandonados y los hogares uniparentales, en especial, las madres solteras. Se incrementaron la violencia de género, el abuso infantil y la violación.

Lo peor es que el tema se politizó. A medida que los populismos fracasaban, que los Estados occidentales aumentaban sus presupuestos con la consecuencia de estancamientos y burocratización, coartando las autonomías individuales, se trató de desviar la atención sobre estos problemas ofreciendo como compensación una total libertad sexual. Es en el fondo un adelanto del que debería ser *"un mundo feliz"*.

Desviando la atención con una maniobra diversiva sobre los problemas acuciantes como el económico se centraron las discusiones sobre los derechos de los homosexuales, sobre la legalización de su matrimonio. Después se inició la campaña por la legalización del aborto. En los últimos tiempos se avanza sobre una aceptación de la pedofilia y la dignificación de la zoofilia que ha sido legalizada, por ejemplo, nada menos que por la corte suprema de Canadá.

Toda esta parafernalia es hoy la que se considera *"políticamente correcta"* Quien no aplaude este alud considerado *"progresista"* es inevitablemente marginado.

Debemos entender el verdadero propósito del sexo y deshacernos de cualquier mito o idea errónea. Una vez más las ideologías dogmáticas han convertido algo tan básico como la sexualidad en una fuente de dolor y conflictos. Gocemos la libertad actual sin caer en la trampa de las actuales exageraciones.

No existe ya margen para seguir agitando la bandera de la sexualidad para tapar otros problemas de Gobierno. Un avance hacia la pedofilia choca con la protección al menor y la firme oposición de los padres. Las marchas del orgullo gay, que pretenden imponer la homosexualidad como actitud de sexo superior a la tradicional, solo causan rechazos de la mayoría. El matrimonio gay es un fracaso porque en la práctica solo pocas parejas lo han aprovechado. No deja de ser un contrato vinculante que también implica responsabilidades. El rebaño de ovejas que sigue las indicaciones de lo *"políticamente correcto"* muestra perplejidad frente a la arrogancia de los transexuales.

El vendaval está amainando.

CAPÍTULO IV:

LOS CRÍMENES Y LA VIOLENCIA

Los crímenes acompañan la humanidad desde su nacimiento. Se robaba una presa, se violaba una mujer. La sociedad impuso un castigo cuya severidad era proporcional a la gravedad del delito.

La Biblia, entre las leyes que Dios habría transmitido a Moisés, coloca la muy dura sentencia de: *"ojo por ojo, diente por diente, mano por mano, pie por pie"*

No siempre la humanidad ha seguido a pie de letras esta ley. En ocasiones las sentencias fueron aún más duras en muchos otros casos más benignas. Todo depende de la época.

En las antiguas civilizaciones mesopotámicas se hicieron las primeras legislaciones para castigar delitos. El código de Hammurabi contenía 16 capítulos y 282 normas. Estaba prevista la pena de muerte para castigar a los delitos penales y solía aplicar la *"Ley del Talión"*. Las tablas de los Hititas también hacían referencia al ámbito criminal y se consideran el segundo tratado jurídico en importancia dentro de la antigüedad. En sus doscientos artículos se trata de castigar las faltas y lograr la reparación del daño causado.

En la civilización egipcia, las leyes derivaban del faraón que a su vez era juez. La Justicia penal se dividía en tres rubros:

1. Delitos cometidos contra los dioses
2. Delitos cometidos contra el Estado o el Faraón
3. Delitos cometidos contra el individuo

Los principales crímenes que se castigaban incluían hurto, robos, en especial robos de tumbas, amenazas de muerte, sobornos, apropiación indebida de herramientas del gobierno para uso propio, comportamiento violento, violaciones, blasfemia contra los dioses y asesinato, el más grave.

Los castigos más comunes eran los golpes de bastón, los azotes y la reclusión. Otra pena de la que hay constancia es el trabajo forzado en canteras o minas. Una de las penas podía ser las marcas de metal incandescente.

Los tribunales locales podían imponer penas menos graves como la devolución de mercancías robadas con multa por el doble de su valor. Las sentencias por delitos graves contra el Estado o la religión eran dictadas por visires o por el propio rey. Se practicaba la mutilación (mano, lengua, nariz u orejas) el exilio, los trabajos forzados en canteras o minas y hasta la pena capital. No era común, solo se aplicaba en delitos muy graves, en primer lugar, la rebelión en contra del Faraón.

En la primera época griega, la administración de la Justicia era bastante descentralizada. Las víctimas si tenían poder imponían la devolución de bienes robados y el consiguiente castigo, No existía una clara y única casuística de los delitos y para aplicar penas se apelaba al sentido común que no siempre tenían los ofendidos. Las normas de acción eran transmitidas oralmente. En la edad arcaica, el derecho de las ciudades griegas era consuetudinario, es decir, basado en las costumbres y tradiciones.

En el siglo VII a.C. Dracón, arconte y legislador de Atenas, intentó unificar y estatizar la represión con un duro código penal en el que se castigaba con la muerte tanto los delitos más importantes como los menores. De allí surgió el término draconiano para calificar las medidas represivas muy severas.

Las leyes draconianas imponían la autoridad del Estado en materia judicial y reducían el poder de los clanes familiares.

El rechazo popular del código fue tan fuerte que Dracón tuvo que exiliarse.

A principio del siglo V a.C. Solón, otro Arconte atenienses suavizó las leyes de Dracón tratando de imponer un justo medio: *"Guardar todo con mesura"*

En una de sus reformas más destacadas, Solón derogaba la ley vigente en ese entonces según la cual era posible castigar un robo y aun cobrar deudas mediante la esclavitud del deudor y sus familiares.

Los romanos distinguían entre los términos *"delito"* cuando la víctima era una persona y *"crimen"* cuando se perjudicaba la sociedad toda.

El tema de la inseguridad subsistió aun en los momentos más favorables de la época romana. Se reducía en tiempos de estabilidad política, aumentaba hasta hacerse muy peligrosa durante invasiones o guerras civiles.

Eran frecuentes los asaltos nocturnos de hombres encapuchados amenazando a los transeúntes con armas blancas, despojándolos de artículos de valor y hasta cometiendo homicidios cuando éstos se resistían. Mucho más seguras eran las casas, salvo en caso de turbulencia. Esto se debía a que estaban bien protegidas por las familias y numerosos sequitos de esclavos.

También eran muy peligrosos los accidentes con carruajes que transitaban a altas velocidades por las estrechas calles.

Para combatir la inseguridad, que se incrementaba en la noche, el Senado romano tomó varias decisiones, la más importante fue la de fundar los cuerpos de Seguridad Ciudadana, un verdadero inicio del cuerpo policial moderno, que en su principio eran conformados por campesinos y esclavos de buen estado físico e inmejorable disciplina. Luego se legisló para castigar con la pena de muerte los delitos graves.

Las sentencias eran orales. Durante el Imperio el procedimiento pasa a ser inquisitivo y secreto. Se podía aplicar el tormento al acusado en casos graves.

En las primeras etapas del medioevo predominaban los delitos contra las personas desde los asaltos, las riñas, las violaciones hasta el asesinado.

Es curioso que las agresiones físicas merecían menor castigo que los delitos económicos. A medida que llegó el Renacimiento, los delitos contra la propiedad pasaron a ser más numerosos que las violencias interpersonales.

Al final de la edad media, la calificación de los delitos se complicó porque el delito se mezclaba con el pecado. En esa época se tenía mucha fe en Dios y se creía que quien actuaba respecto de los cánones establecidos por la iglesia se salvaría y quien no los respetara estaría condenado al infierno.

La pena aplicada a un delito estaba en función principalmente de dos circunstancias: primero, de la ley con la que era sancionado ese delito, y segundo, del lugar donde se aplicaba la misma.

Los castigos eran severos, pero los pudientes podían limitarse a pagar una fuerte multa. Estaban establecidas por ley y el más grave correspondía al asesinato de uno de los miembros de la guardia del rey que costaba 600 monedas de oro.

Los más pobres la pasaban mucho peor. La pena más común para delitos leves eran los azotes, más graves las mutilaciones como cortar una mano o una oreja. Las penas de muertes eran también frecuentes y crueles.

Se aplicaba de muy diversas maneras (hoguera, horca, ahogamiento, apedreamiento, degollamiento, empalamiento o desgarramiento del cuerpo, además podía haber castigos infamantes contra los familiares.

El medioevo, debido a la gran cantidad de personas pobres, causó la expansión de la violencia.

La caída de Constantinopla marcó el inicio de la edad moderna que siguió impulsando la delincuencia organizada.

En los siguientes tres siglos se desarrollaron el bandidaje y la piratería.

Alemania fue el país con más grupos que llevaban a cabo actividades delictivas con una disciplina jerárquica, cada integrante contaba con una tarea especializada. En Nuremberg, los raubritters trataron de otorgar al delito una forma de justicia social al estilo de Robin Hood.

En Italia, los primeros grupos de bandidos se formaron en las islas: en Córcega, Cerdeña y sobre todo en la isla de Sicilia. Cada región contaba con un *“padrino”* cuya función era la de mantener el control de la organización.

En Inglaterra se desarrolló la piratería que adquirió un poder impresionante y tuvo en vilo Naciones enteras como España.

En la Francia, se encontraban las bandas de los rougets que estaban prevalentemente formadas por desertores y expulsados del ejército. Solía reunirse y coordinar su acción en el monumento del Pont Neuf de Paris.

En todos los países regía la pena de muerte que se aplicaba según la tradición de cada uno. Los países sajones como Inglaterra y Estados Unidos eligieron la horca. Francia inventó la guillotina, en Italia era frecuente el fusilamiento.

Hasta fines del siglo XIX, las condiciones de vida eran infrahumanas en la mayoría de las cárceles. Se practicaba el trabajo forzado, se utilizaban cadenas para sujetar a los presos. La cumbre de la crueldad humana con los detenidos se alcanzó en los gulags rusos de la época estalinista.

Se propuso una clasificación de los delitos para ofrecer a la Justicia un panorama más claro y, que podían resumirse en el clásico esquema de *"delitos contra las personas"* usualmente los más graves, *"delitos contra la propiedad"* y *"delitos contra las costumbres"* que suelen ser los más numerosos.

En este principio del siglo XXI, el crimen organizado es todavía poderoso en muchos países.

En Méjico el narcotráfico ha logrado un poder enorme causante de miles de muertes.

Famosas son las mafias colombianas con los carteles de Medellin y Cali.

En Italia se conocen tres grandes grupos mafiosos: la Cosa Nostra siciliana, La Camorra y la Nandrangheta.

La mafia japonesa (Yakuza)contó con el grupo Yamaguchi Gumi, cuyo primer jefe fue Harukichi Yamaguchi, también contó con grandes organizaciones.

Las triadas es el término utilizado para designar a las organizaciones criminales de origen chino con base en Hong Kong, Taiwan y China continental. Se estima que su número es de más de 50 y que agrupan 150.000 individuos.

En Estados Unidos el crimen organizado llegó a su cumbre durante la vigencia de la ley de prohibición.

El tráfico de drogas es la principal actividad del crimen organizado en todo el mundo.

A fines del siglo XIX, surgió paulatinamente una nueva actitud con relación a delitos y crímenes. Se empezó a sentir cierta repugnancia hacia esas ejecuciones públicas que recaían hasta sobre niños y que atraían una multitud de sádicos espectadores.

Los medios de comunicación masiva y la influyente literatura de la época denunciaron las condiciones inhumanas de las cárceles y surgió la conciencia de la responsabilidad social en la criminalidad. Ya el delito no se veía como una culpa exclusiva del que lo cometía sino compartida con la desesperante indigencia de los estratos más pobres de la población.

Surgieron las primeras explicaciones psicológicas, Una ciencia nueva, para explicar la personalidad de los criminales. Libros como *"Crimen y castigo"* de Dostoievski describen con inigualable maestría como una persona débil y sensible puede transformarse en asesino, como última solución, para poder sobrevivir situaciones económicas desesperantes. El otro gran escritor ruso Tolstoi cuenta en forma conmovedora los sufrimientos de los condenados a exilarse en Siberia. Jack London en su libro *"El Valle de la luna"* denuncia los conflictos sociales surgidos por los excesos de explotación de la clase obrera.

Como consecuencia de la nueva concientización, el objetivo de reeducar al criminal debía prevalecer sobre la idea de castigarlo de acuerdo con la ley del Talión.

Las penas de muerte comenzaron a reducirse en número y, en algunos países, como Austria se redactaron nuevos códigos penales y se reformaría el régimen penitenciario.

A fines del siglo XX, se inició un proceso de paulatina rehabilitación del crimen.

El líder del cambio de rumbo fue el francés Michel Foucault.

"La existencia del crimen manifiesta felizmente algo irreprimible que es propio de la naturaleza humana; es necesario no ver en ello una debilidad o una enfermedad sino más bien una energía que se fortalece mientras se manifiesta una impresionante protesta de la individualidad humana, lo cual le presta un extraño poder de fascinación"[1]

Foucault y sus seguidores no se conformaban con reformas, sino proponían la abolición de los hospitales psiquiátricos y de las cárceles.

"La cárcel es el único lugar donde el poder se manifiesta al estado puro y donde se justifica como fuerza moral"

Para él los reformistas que pedían mejoras en las cárceles y un tratamiento más humano para los presos solo conseguían perfeccionar el control y la vigilancia. La cárcel modelo solo era una trampa para ocultar el carácter represivo de la institución y de la sociedad que la amparaba. De estas ideas surgió el *"garantismo"*

El garantismo supone que todo proceso penal debe estar limitado por normas jurídicas, establecidas para proteger los derechos individuales del procesado y de este modo evitar la arbitrariedad. Así expuesto es razonable. Sin embargo, en su aplicación práctica ha conducido a peligrosas exageraciones incrementadas por la lentitud burocrática de la Justicia.

El problema es acuciante en países todavía no desarrollados con grandes áreas de indigencia como los latinoamericanos. Da pena ver cómo crecen en Argentina los barrios cerrados y protegidos por policías privados y pasar por calles donde todas las casas tienen puertas y ventanas protegidas por rejas con la gente amurallada, amenazada, a pesar de su defensa, por los asaltos de bandas organizadas, frecuentemente disfrazadas con uniforme policial.

El *"garantismo"* implica que un sospechoso no deba estar encerrado antes de ser condenado. El problema es que en países como la Argentina donde el juicio puede demorar años, muchos delincuentes pueden estar libres repitiendo sus fechorías. Esta situación es aún más complicada en el caso de criminales seriales, en especial los violadores.

Hoy el garantismo es *"políticamente correcto"* en los tribunales. Solo una minoría marginada pide reformas para garantizar mejor la seguridad.

Es dudoso, sin embargo, que esta nueva ideología pueda perdurar mucho en el tiempo. La inseguridad que enfrentan las poblaciones provoca reclamos callejeros quita votos al Gobierno en las elecciones y exige soluciones.

De manera evidente no se trata solamente de un problema de mayor represión. Exige salir de un populismo empobrecedor para asegurar un desarrollo sostenible de la economía aniquilando la peligrosa indigencia.

---

[1] Sebreli Juan José "El olvido de la razón" Ed, Sudamericana Buenos Aires 2006

CAPÍTULO V:

LA JERARQUIZACIÓN DE LA SOCIEDAD

Primeras organizaciones tribales

Todo animal que vive en sociedad necesita crear una jerarquía para poder organizarse. Las manadas de lobos tienen un jefe alfa seguido por lobos beta hasta terminar con los menos categorizados más jóvenes e inexpertos. Lo mismo pasa con una bandada de gansos. Cuando vuelan formando triángulos, el jefe ocupa el lugar de punta y siguen los otros ubicados según su rango. Esta organizada formación les permite volar juntos más altos y más veloces que si lo hicieran individualmente.

Por otra parte, también en la especie humana se verificó la jerarquización. El jefe de las tribus cazadoras, después el brujo que derivó en castas sacerdotales privilegiadas, el surgimiento de la esclavitud, el sistema de *"castas"* en la India basado en las diferencias de *"sangre y espíritu"*.

Para Platón la diferenciación entre castas se producía ya en el nacimiento.

En su libro *"Republica"* plantea la categorización de los seres humanos en tres tipos. Los dioses moldean a los hombres introduciendo diferentes metales en su alma: oro en los individuos que merecerán mandar, plata en sus auxiliares más próximos, bronce en las almas de los artesanos y guerreros.

Esa clasificación tampoco era original del filósofo griego que la había tomado de la tradición hindú.

Las sociedades humanas mostraron, desde el principio, otra característica que las diferenciaba de los animales: una marcada tendencia a formar conglomerados cada vez más grandes. Esta tendencia se debía a varias causas. La principal fue la cada vez mayor cantidad de bienes a producir para satisfacer las siempre crecientes necesidades del hombre. Solo un grupo grandes de personas puede especializarse en diferentes labores para poder construir casas, muebles, vestidos, armas y proveer gran variedad de alimentos. Otra causa importante es el instinto de dominancia del hombre.

Las tribus más grandes y fuertes doblegaban a las más débiles y las anexaban. Estas actitudes complicaron aún más las sociedades humanas por conexos problemas de diferenciaciones raciales y correspondientes jerarquizaciones. Con el tiempo, generaron la esclavitud.

En el paleolítico y neolítico, las comunidades humanas eran nómadas viviendo en pequeños grupos que migraban de un lugar a otro para cazar y recolectar.

Alrededor de 9.000 años a.C. la sociedad humana se había complicado lo suficiente para formar grupos de agricultores estables y para construir ciudades. El sistema de Gobierno del jefe tribal parecía insuficiente frente a la complicación del proceso de tomas de decisiones.

Al aumentar las necesidades del hombre, como el hábito de cubrirse el cuerpo con pieles, construir un cobijo adecuado, construir herramientas, se valorizaron en el jefe cualidades como la experiencia, la habilidad constructiva, trascendiendo la sola fuerza física. De esa manera, era conveniente mantenerlo más tiempo en su función, a costa de conflictos con los jóvenes más fuertes que aspiraban a la sucesión.

Un gran paso adelante en la complicación organizativa surgió cuando la humanidad, en edad muy temprana, manifestó necesidades espirituales, en primer lugar, la creencia en el alma y en la supervivencia después de la muerte. Surgieron los brujos y después sacerdotes como mediadores entre la vida material y la espiritual. Su aparición fue consecuencia de la fe que el hombre tenía en su supervivencia después de la muerte.

Con ellos, lamentablemente, el hombre encuentra un apoyo espiritual, pero surgen también los primeros tabú y dogmas.

Para aconsejar sobre los cada vez más complejos problemas administrativos se apreciaba la experiencia de los ancianos que se reunían en consejos.

Ya había iniciado la fase política.

Regímenes absolutistas

Durante la mayor parte de la historia, los hombres fueron gobernados por regímenes absolutistas. Se pasó de los jefes tribales a las monarquías hereditarias. El dogma de los derechos hereditarios distaba mucho de ser perfecto. Se basaba en el supuesto conductista de que, si un niño se educa desde la infancia para ser un líder, logrará las aptitudes y actitudes adecuadas para el cargo. Es indudable que el criterio de la necesaria capacitación, facilitada por la transmisión de conocimiento generacional, tenía una sólida base de verdad, pero desconocía la importancia de la impronta genética.

Casos como el de un Calígula o de un Nerón, emperadores surgidos de grandes linajes, pero corrompidos por el poder, muestra, en toda su gravedad los defectos de otorgar el poder a personas sin evaluar sus aptitudes y personalidad.

A los brujos, siguieron los sacerdotes que contribuyeron a crear principios fijos dogmáticos como el de considerar sagrado el rey que debía ser coronado por ellos, que se consideraban intermediarios de la voluntad divina. El otorgamiento de sacralidad al poder absoluto, de manera que se subía al trono por gracia divina, perseguía asegurarle mayor estabilidad, gracias a las supersticiones populares, y contemporáneamente consolidar el poder de la religión, asignándoles el monopolio de la espiritualidad. Los sacerdotes católicos ubicaron, al Papa infalible en un nivel superior a los monarcas, con facultad de controlar su desempeño. Una excomunión significaba destronarlos.

El rey se rodeaba de funcionarios, jueces, consejeros y cortesanos que, con el tiempo, constituyeron un segundo estado, la nobleza, también sacralizada por la religión.

Las religiones empezaron a imponer soluciones dogmáticas que, frecuentemente, trascendían el sentido común y se imponían como ideologías teóricas, imposibles de verificar en la práctica.

Los excesos del poder individual absoluto obligaron a un control. Para ese fin adquirieron mayor poder las castas aristocráticas y sacerdotales. Las ideologías religiosas intentaron otorgar estabilidad a los regímenes absolutistas.

Sus libros sagrados, como la Biblia o el Corán se consideran depositarios de todas las verdades necesarias para orientar la vida humana, aptos para resolver cualquier problema social, ya sea presente o futuro.

El poder absoluto personal fue moderado así con el freno religioso y, en el medioevo, por el poder feudal. Surgieron así gobiernos oligárquicos (Gobierno de pocos) que, en algunos casos, hasta substituyeron el poder del rey. Uno de los ejemplos fue el Gobierno de los treinta tiranos en Atenas.

Sin embargo, estos encumbrados también solían colapsar moralmente con el tiempo, como consecuencia de sus privilegios.

Lord Acton, es famoso por su frase: *"El poder tiende a corromper y el poder absoluto corrompe absolutamente"* Se plantea, en ese aspecto, una diferencia entre el comportamiento de los jefes humanos y el de las manadas animales. Un lobo alfa mantiene una estabilidad en la conducción de su jauría. No abusa de su autoridad martirizando a los más débiles. Defiende sus privilegios, como el de ser el primero en comer, pero sacrifica su vida, si es necesario, para salvar a sus protegidos.

No ocurre lo mismo con los hombres. El poder los imbuye exageradamente de sus derechos, pero olvidan, por completo, sus deberes.

La corrupción tiende a complicar más el proceso de toma de decisiones, porque los objetivos proclamados enfáticamente con palabras eran desmentidos con normas que favorecían cada vez más a los privilegios de pocos.

A medida que las comunidades humanas crecían y se complicaban pasando de tribus a Naciones, el proceso de fijar objetivos y normas se complicó más aun, obligando a una división del trabajo que exigía la ayuda de hombres con distintas aptitudes. Concentrar en una sola persona toda la responsabilidad de gobernar parecía inadecuado.

Se intentaron así otras formas de Gobierno más complejas.

La república romana

La Republica romana fue una de los sistemas más estables y exitosos que haya tenido la humanidad.

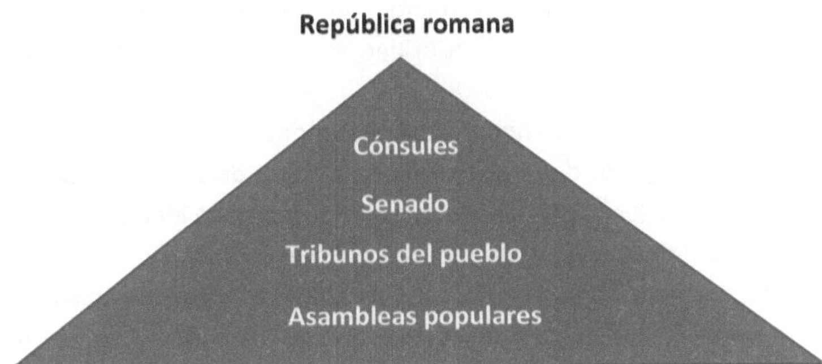

Inició en el año 500 a.C y se mantuvo casi cinco largos siglos en los que Roma pasó de ser una pequeña urbe a un inmenso imperio.

La república romana se fundamenta en una división de poderes, el ejecutivo a los cónsules, el legislativo al Senado.

El pueblo demostraba su autoridad en las asambleas y a través de los tribunos que podían vetar cualquier ley.

Los cónsules eran dos, uno de extracción patricia, otro de origen popular. Gobernaban alternándose por día. Este sistema tenía también sus costos. Por ejemplo, Aníbal, que conocía el sistema, atacaba al ejército romano cuando le tocaba el mando al menos apto. Así se produjo la derrota de Cannas. Paulo Emilio, uno de los cónsules, era buen general. Varrón el otro, de profesión carnicero, no tenía idea de cómo mandar un ejército. Aníbal aprovechó el día que le tocaba el mando.

Los pretores, los magistrados de más alto poder después de los cónsules, elegidos por la Asamblea, *"Comitia centuriata"* administraban la justicia y su desempeño era juzgado al finalizar el mandato.

Otros magistrados de gran poder eran los *"Censores"* A parte de encargarse de los censos, como se deduce de su denominación, tenían el encargo de gran responsabilidad de velar por la moralidad pública castigando la corrupción. Eran también elegidos por la Asamblea y duraban cinco años en su cargo. Para candidatearse debían demostrar experiencia en su curriculum (cursus honorum) que implicaba haberse desempeñado en la milicia y haber iniciado su carrera política, generalmente como edil.

La estabilidad de esa forma de Gobierno derivaba de su pragmatismo en las tomas de las decisiones. No se dejaban seducir por teorías sociales dogmáticas ni pretendían monopolizar sus creencias. A medida que ampliaron el territorio conquistando otros pueblos, incorporaban sus dioses a los propios en los templos. No eran tampoco racistas. Correspondía a los cónsules fijar los objetivos que se basaban en sólidas realidades como el mantenimiento de la familia alargada romana, el ladrillo de la sociedad.

Los padres eran responsables de la formación educativa de los hijos, los futuros invencibles legionarios. La organización militar en épocas de continuos conflictos era uno de los objetivos fundamentales.

Las normas legales eran función del Senado y de los magistrados como el Pretor. No había contradicción importante entre objetivos y normas por la severidad de estas últimas que impulsaban el ciudadano romano a una vida de grandes sacrificios en aras del bien común. Los deberes tenían prioridad sobre los derechos aun a costa del sacrificio de la vida.

No es casual que la República terminara cuando se difundió en Roma el cristianismo, más blando con relación a los deberes sociales y portador de una ideología dogmática.

Valga, al respecto, recordar que la diferencia esencial entre una idea y una ideología está en que las ideas son dinámicas, y por lo tanto pueden evolucionar en la búsqueda de ratificación. Una doctrina, como la cristiana, en cambio es estática y quien la defiende piensa que es válida, en cualquier caso, es decir que no depende del contexto donde se la aplique.

La democracia ateniense

Las interesantísimas experiencias democráticas atenienses constituyen un verdadero laboratorio de estudio para un sistema de Gobierno que es el más apreciado en la actualidad.

Surge en el VI siglo A.C, casi contemporánea a la República romana. Puede fijarse su inicio con las reformas Clistenes en 508 a.C

En la apasionante democracia ateniense, que llegó a su apogeo en la época de Pericles, todos los ciudadanos participaban en la Asamblea (Ecclesia) que tomaba las decisiones políticas.

La Boulé, compuesta por 500 ciudadanos, elegidos por sorteo, era el órgano de gobierno que cumplía con las funciones deliberativa, administrativa y judiciales.

También el resto de los cargos públicos eran elegidos por sorteo entre el conjunto de los ciudadanos. Los más destacados eran los tribunales (Heliea) que ejercían la justicia, los *"once"* con funciones de policía, los *"helenotamías"* que se encargaban de la administración y finanzas.

Democracia ateniense

Los estrategos organizaban la milicia. La entusiasmarte democracia parecía haber logrado el equilibrio ideal, pero no fue así. Platón describe como degeneró, en su libro *"La república"*

"Cuando una ciudad gobernada democráticamente y sedienta de libertad tiene a su cabeza malos escanciadores y bebe más de lo debido el vino de la libertad hasta llegar a emborracharse, castiga a sus propios gobernantes si no llevan la complacencia al punto de concederles la más absoluta libertad, acusándolos de malvados y oligárquicos"[2]

Los malos escanciadores que Platón, recordando la Odisea, llama lotófagos:

"tratando el pudor de simpleza, lo rechazan ignominiosamente, así como proscriben la templanza ultrajándola con el calificativo de escasa virilidad y expulsan la moderación y la prudencia en los gastos considerándola rusticidad y avaricia"[3]

Después de vaciar el alma del joven:

"Introducen en ella, ataviados con gran pompa y con su numeroso sequito, a la insolencia, la anarquía, el desenfreno y la desvergüenza " "Si alguien le dice que algunos placeres provienen de satisfacer deseos nobles y legítimos y otros de deseos perversos, responderá con signos de desdén, sosteniendo que son de la misma naturaleza y que merecen igual respeto"[4]

"Bajo semejante Gobierno el maestro teme y adula sus discípulos y estos menosprecian a sus maestros y preceptores; en general los jóvenes quieren igualarse a los viejos y medirse con ellos en palabras y obras, y los viejos a su vez llenos de condescendencia con las bromas de los jóvenes, afectan un tono festivo y tratan de imitarlos para no parecer fastidiosos y despóticos"[5]

"El exceso de libertad que hay en la democracia acaba de reducirla a la esclavitud porque es evidente que todo exceso conduce al exceso contrario"[6]

La razón de que la experiencia ateniense no haya logrado la estabilidad reside en que cayó en el populismo, una ideología dogmática. Inicia la contradicción cuando se fijan objetivos de cada vez mayor bienestar, que se considera un derecho inalienable de los ciudadanos y contemporáneamente se relajan las exigencias normativas olvidando que el hombre, para ser productor, debe forzosamente sacrificarse con el trabajo.

El derrumbe de las jerarquizaciones en la época actual

Otro de los grandes cambios ocurridos a fin del siglo XX consiste en del derrumbe de la credibilidad política.

---

[2] Platón *"La República"* Ed. EUDEBA Buenos Aires Pag. 449

[3] Ibidem Pag 447

[4] Ibidem Pag 447

[5] Ibidem Pag. 450

[6] Ibidem Pag.451

En la mayor parte de los países occidentales, los pueblos desprecian a los mismos gobernantes que han elegido. Se considera que son incapaces, que solo velan por su bienestar particular, que carecen de coraje para luchar por las reformas necesarias, que son profundamente corruptos.

En las urnas se vota por el mal menor, no existe confianza y credibilidad.

Se vive en el presente, tratando de obtener beneficios inmediatos de los gobernantes, sin importar si se compromete el futuro de la Nación.

Se difunde el populismo que sacraliza los derechos y se olvida de los deberes. Más aun los repudia perdiendo, en breve tiempo, todo contacto con la realidad.

Uno de los dogmas del populismo es el total menosprecio por el mérito. El que se esfuerza para proveer satisfactores a nuestras necesidades es un hereje.

Las descripciones de Platón coinciden en muchos puntos con lo que está sucediendo en las actuales democracias occidentales.

También hoy se exige a los Gobiernos ser complacientes con cualquier exceso.

También hoy se proscribe la moderación en los gastos que se exaltan con la publicidad y se castiga al ahorro con impuestos.

También hoy el pudor ha desaparecido y se considera que cualquier deseo es legítimo.

También hoy se exalta la juventud y se obligan los viejos a payasear como jóvenes para caer simpáticos.

También hoy los maestros temen a los alumnos y hasta corren peligros de violencia.

Si las normas quitan sustentabilidad a quien se ocupa de los aspectos productivos, se produce un conflicto difícil de superar, ya que el comportamiento del pueblo, caído en la pobreza, será de desencanto, rebeldía y búsqueda del caudillo salvador.

En síntesis, cualquiera sea la forma de gobierno, la estabilidad de una comunidad humana depende de un enfoque pragmático de sus objetivos otorgando prioridad a la disponibilidad de satisfactores adecuados de sus necesidades, evitando caer en ideologías y teoría sociales no aplicables ni verificables en la práctica.

La situación actual es atípica. La política se ha transformado en una profesión lucrativa. Los gobernantes tienen como principal preocupación mantenerse en funciones. Para ello tienen que esmerarse en conservar su rango dentro de su partido y, antes de las elecciones, canjear beneficios con votos. El bien común no tiene importancia. La población los desprecias como parásitos, pero no puede liberarse de ellos.

Las democracias se han transformado en partitocracias y sindicatoscracias. Nadie por meritorio y brillante que sea puede aspirar a una función política sin el apoyo de un partido poderoso. Si se aviene a iniciarse en un partido o en un sindicato, deberá resignarse a dedicar la mayor parte de su tiempo a fortalecer el partido para ganar las elecciones. Para ser eficiente en esa función. deberá corromperse porque descuidar la función de bien común es de por sí una acción inmoral.

Los pueblos han tomado conciencia de esa situación y consideran a sus gobernantes unos parásitos peligrosos, igual de lo que ocurría con los nobles antes de la revolución francesa. Surgen manifestaciones callejeras en que la gente con bombos y cacerolas pide, refiriéndose a sus gobernantes: *"Que se vayan todos"*.

Es tanta la desconfianza que el pueblo apoya a los gobernantes que menos trabajan porque si lo hacen, la mayor parte de sus acciones solo tienden a aumentar la burocracia justificar el exceso de empleados públicos con más controles, sobre todos los que exigen un pago que permita aumentar ingresos.

A largo plazo el contexto es insostenible. A corto plazo los políticos tratan de atraer simpatías otorgando beneficios y prebendas a costas de descalabrar el erario y aumentar inflación e impuestos.

En la sociedad actual, los profesionales más destacados, como ingenieros en funciones importantes y médicos, son lo que merecen el mayor índice de aprobación y jerarquía moral, aunque carecen generalmente de altas remuneraciones. Los pequeños empresarios trabajan con esfuerzo para mantener su negocio en pie frente a los continuos y crecientes atropellos del Estado. La política es la actividad que resulta más redituable y permite, aun a gente incapaz, amasar una aceptable fortuna, en algunos casos enorme. Los educadores están desprestigiados y el nivel cultura de las escuelas y Universidades va bajando. Los Sacerdotes enfrentan numerosas acusaciones de abusos sexuales a menores.

En conclusión, las jerarquías están invertidas.

El sentimiento más generalizado en la mayoría es el de resignación. Después del fracaso de los movimientos revolucionarios de los setenta, se descarta una oposición armada, sin embargo, la nueva izquierda trata de apoderarse de la mente humana imponiendo sus principios que, en el fondo, siguen con las utopías del Estado grande que somete y controla la población en aras de imponer la tan soñada igualdad sacrificando la libertad. Ese intento de la nueva izquierda ha logrado ser *"políticamente correcto"* y se atreve a defender regímenes opresores y destructivos como el de Venezuela y Cuba.

La caída del muro de Berlín en los noventa obligó el marxismo a reinventarse. La antigua bandera de las luchas de clase y la revolución se habían despedazado. Sin embargo, la tendencia secular de manejarse con teoría sociales permitió recomponer los fragmentos en una nueva ideología, muy diversificada, que constituye la nueva izquierda. Manteniendo su fe en el uso de términos mentirosos, se denominó *"progresismo"*.

Su objetivo es el de establecer alianza entre corporaciones para la conquista del poder no con una revolución tradicional, sino con el sometimiento de la mente humana hasta poder dominarla, encaminando sus decisiones hacia la destrucción de la cultura occidental tradicional.

En la actualidad, si alguien expresa dudas respecta a algunas de las verdades de la nueva izquierda, de inmediato es denigrado. La palabra *"fascista"* es la más utilizada, a pesar de que casi ninguno de los que la utilizan podría explicar en qué consistía esa ideología. Es suficiente que haya sido demonizada. Si el opositor insiste, se inventa una teoría conspirativa. Seguramente es un mercenario pagado por la CIA o por otros capitalistas.

Frente a este peligroso intento de involucionar es necesario plantear otras alternativas. En ese aspecto, la antigua democracia atenienses puede enseñar mucho.

Las democracias basadas en el mecanismo del voto empezaron a colapsar a fines del siglo XX y siguen su proceso de degradación en las primeras décadas del XXI. Sufren una inextricable maraña de colusión corporativa entre grandes empresas monopólicas, sindicatos, Justicia amañada, politizada, lenta e ineficaz, y Gobiernos corruptos y populistas de izquierda y de derecha. Se trata de un neo mercantilismo mucho más paralizante que el viejo anterior a la revolución francesa.

El comunismo chino es un caso aparte. Después del estruendoso fracaso de la fanática revolución cultural, prevaleció el sentido común. La combinación de un Gobierno fuerte con una apertura de la economía y libertad para las empresas productivas permitieron un rápido desarrollo que impulsó esa Nación a un lugar privilegiado como potencia económica mundial.

La única forma de salir de la maraña de intereses espurios, corrupción y colusión política no es una nueva revolución francesa, ya que aquella fue posible porque debía quitarse el poder a pocos centenares de miles de aristócratas y clérigos privilegiados. Ahora, en cada país, millones de favorecidos se oponen a cualquier cambio, desde funcionarios a empleados públicos, desde empresarios monopolistas a corporaciones profesionales, abogados enriquecidos por la industria lucrativa del juicio y sindicalistas profesionales que viven mejor que los reyes de antaño. Mitad o casi de la población parasita a la otra mitad productiva.

Se necesitan nuevos mecanismos sociales y políticos, erradicando los puntales del prebendarismo.

El poder parasitario se apoya en el pilar de un sistema representativo (el contrato social de Rousseau) que obliga el pueblo a traspasar el Gobierno a los ciudadanos elegidos, a cambio de promesas. Faltan los mecanismos de control de resultados y de cumplimiento. La solución apunta evidentemente a erradicar los pilares de ese sistema corrupto. Era necesario evitar una excesiva intermediación de los partidos políticos e incrementar el poder de decisión de la población por medio de referéndum, u otros medios que faciliten el inicio de una democracia más directa. El ejercicio del poder político no debe considerarse una profesión permanente y lucrativa para quien lo ejerce sin tener en cuenta el bien común. En consecuencia, debe acotarse en el tiempo.

Un plan más ambicioso plantea la posibilidad de modificar el sistema de la elección por votos que ha demostrado ser una fuente de corrupción.

Por último, debería derribarse uno de los principales pilares de las carreras políticas: la inversión publicitaria, financiada, casi siempre, por el poder económico. La consideran un costo necesario para asegurarse colusión con los partidos más poderosos.

Los avances en el campo de la psicología social y de la antropología permiten prever, con pocas posibilidades de fallas, la posible reacción frente a la aplicación de reformas políticas o económicas.

Por otra parte, en los últimos dos decenios, se han iniciado experiencias en pequeña escala, generalmente a nivel de Municipios que se ofrecen para aplicar nuevos proyectos políticos.

Es importante que se intente aplicar una teoría social flexible que prometa revolucionar la gobernabilidad de los países. Como antecedente, podría citarse a las ciudades italianas del Renacimiento donde se ensayaron formas de Gobierno novedosos para la época, después imitadas por las nuevas grandes naciones europeas. Sin embargo, en ese caso, no hubo premeditación ni plan preconcebido.

En este principio del siglo XXI, en cambio, la nueva teoría social que pretende desplazar a las obsoletas democracias representativas es la "Estococracia" (elección por sorteo), también llamada antiguamente "Demarquía". En realidad, la idea no es nueva. Los griegos, como ya se explicó, practicaron la elección por sorteo en el IV siglo A.C.

En épocas más modernas Rousseau en su libro "El contrato social", en el capítulo II afirma: *"Sólo la ley puede imponer esta carga obligatoria a aquel sobre el cual caiga la suerte. Ya que entonces la condición será igual para todos, y la elección no dependerá de ninguna voluntad humana, de modo que no existe ninguna aplicación particular que altere la universalidad de la ley".* Explica esa afirmación con su predicción de que la elección por votos y partidos políticos se corrompe por la influencia en el poder de los *"cabildeos ocultos"* de las personas poderosas (hoy los llamaríamos lobby) que impiden el acceso al poder de personas honestas y buenas.

Montesquieu también advertía en su libro *"De l'esprit des loix"* que: *"El sufragio por sorteo es de la naturaleza de la democracia, mientras que el sufragio por elección es de la naturaleza de la aristocracia".* La razón es la presión que puede ejercerse desde los partidos políticos y la compra espuria de votos, ofreciendo promesas de beneficios y prebendas.

El economista italiano Wilfredo Pareto señaló como, ya a principio del siglo XX, la coerción social y el poder político se ejercen cada vez más a través de la *"mediación ideológica"*, que incluye el control de la educación y el control de las opiniones por parte de grupos de intelectuales, monopolizando la cultura a través de la publicidad y los medios de comunicación. Es exactamente lo que ocurre hoy con el progresismo de izquierda.

La demarquía, al elegir los gobernantes por sorteo, con posterior prueba de aptitud, aseguraría la representatividad de todos los grupos, etnias y parcialidades.

La decadencia de las democracias tradicionales, iniciada en la segunda mitad del siglo XX, las sumergió en un nivel de degeneración y corrupción insufribles. Los más afectados son algunos países suramericanos. Muchos países europeos cayeron en una esclerosis paralizante.

En la actualidad, ninguna teoría política debe aceptarse sin experiencias aplicativas. Por eso, la difusión de los métodos de elección por sorteo iniciaría en el nivel más bajo municipal con los Consejos ciudadanos.

En su constitución, se deberían tener en cuenta los métodos usados por la justicia anglosajona basados en la actuación de jurados de ciudadanos, elegidos al azar, después de someterlos a objetivas pruebas de aptitud. Los Consejos ciudadanos tendrían poder de decisión para aceptar, rechazar o modificar parcialmente los proyectos que les son presentados. Estos Consejos ciudadanos llamados de distinta manera (policy juries, jurados de ciudadanos, citizens' juries o Consensus Conferences) no obligarán a sus componentes a una actividad fulltime y les permitirán seguir con sus actividades normales. Deberían ser varios por cada Municipio cubriendo las distintas áreas como, por ejemplo, un consejo vial, otro para construcción y Obras Públicas etc.

La gran ventaja que pueden ofrecer estos Consejos ciudadanos es la de evitar la corrupción estructural de los partidos políticos y de no permitir que el ejercicio de la política se transforme en una profesión lucrativa, como ocurre actualmente.

En una segunda etapa, se podría avanzar constituyendo una asamblea ciudadana designada por sorteo con representación de habitantes de todas las Provincias. Sería la encargada de sortear los cargos de parlamentarios y del Consejo Federal de pocos miembros que, de la misma manera que el actual sistema suizo, constituiría el Poder ejecutivo a nivel nacional.

Varían las condiciones para presentarse como candidato al Parlamento o al Consejo Federal. Se exigirían experiencias previas, para optar a Consejos municipales, en otros casos, se someterían los candidatos a pruebas previas escritas iguales para todos para asegurar un mínimo de conocimientos históricos, sociales y económicos, acompañadas por test psicológicos.

Los parlamentarios elegidos por sorteo podrían ser menos conflictivos que los tradicionales surgidos de partidos políticos.

Por lo que se refiere al presidente, se podrían comenzar las primeras experiencias imitando el método tradicional suizo de elegirlo entre los miembros del Consejo Federal sin otorgarle más atribuciones que el resto de los miembros (primus inter pares).

El Poder judicial es el único que no será elegido por sorteo sino por concurso de antecedentes.

La demarquía se presta menos a la corrupción porque los gobernantes no se perpetúan en el poder pasando de una función electiva a otra, como ocurre en las obsoletas democracias. No están necesitando tampoco del poder de los medios publicitarios y de financiación para obtener votos.

CAPÍTULO VI:

ECOLOGIA

La ecología es la ciencia que estudia las interacciones de los organismos entre sí y con su ambiente, o el análisis de la relación entre los seres vivos y su medio ambiente físico y biológico en el que se desarrollan.

Es una ciencia relativamente nueva porque el hombre tardó muchos siglos en descubrir la importancia de su interacción con el medio ambiente. La palabra ecología derivada deriva etimológicamente del griego "oikos" (casa) y "logos" (ciencia, estudio) fue acuñada el científico Ernst Haeckel en año 1869.

La conciencia ambiental se basa en la preocupación por la naturaleza. Su objetivo es proteger al planeta Tierra y conservarlo vivible para las futuras generaciones.

El hombre primitivo cazador y recolector tenía una conciencia ecológica que se perdió en las siguientes civilizaciones. La razón es que cuando el hombre todavía no descubre los medios de forzar la naturaleza a incrementar su productividad con la agricultura y debe vivir solamente con lo que ella espontáneamente ofrece aprende a conocerla mejor y aprovecharla con la conciencia de no destruirla porque de su conservación depende también su supervivencia.

Las civilizaciones posteriores no tuvieron mucho respeto por la naturaleza. Un ejemplo es la tala indiscriminada de bosques para construir sus flotas y para material de construcción. La batalla naval de Ecnomo en la primera guerra púnica empleó 880 barcos manejados por 290.000 tripulantes e infantes de marina. Con las naves hundidas en esa sola batalla se perdieron los árboles de centenares de ha de bosques.

Posteriormente el imperio veneciano, después de haber acabado con los bosques de su territorio italiano, tuvo que expandirse a través de la Dalmacia y de los Balcanes hasta llegar al Mar Negro para abastecer sus astilleros.

Después del descubrimiento de América los conquistadores iniciaron la tala en ese continente.

El siglo en que menos se cuidó la naturaleza fue el XIX cuando inició la revolución industrial y el descubrimiento de la máquina de vapor. Se actuó como si los recursos naturales fueran inagotables. Valga, entre tantos, el ejemplo de la eliminación de las innumerables manadas de bisontes que los cazadores abatían, únicamente para utilizar los cueros y desperdiciando el resto. A veces les disparaban desde los trenes por pura diversión. El abastecimiento de las calderas de locomotoras y fábricas, las traviesas de las vías férreas que se extendieron por decenas de miles de km. desertizaron enormes extensiones de territorios forestales. Nadie se preocupaba por la impresionante contaminación provocada por las chimeneas de las nuevas fábricas.

En los primeros decenios del siglo XX, tampoco se desarrolló una conciencia ecológica como demuestra la brutalidad de las dos guerras mundiales. Los hombres se comportaban como si los recursos naturales fueran inagotables, por lo tanto, podían destruirse sin consecuencias. Cada nave hundida sería reemplazada por otras dos nuevas, esa era la mentalidad de la época.

Recién a principio de los setenta, poco antes de la crisis petrolera, la humanidad empezó a preocuparse por el futuro.

Se encargó al MIT un estudio holístico de la situación mundial. En 1972, el Club de Roma lo publicó con el título: *"Los límites del crecimiento"*

Constituye el primer documento oficial que plantea la existencia de límites al desmesurado crecimiento socioeconómico.

La drástica conclusión fue que si el incremento de la población mundial, la industrialización, la contaminación, la producción de alimentos y la explotación de los recursos naturales se mantiene sin variación, alcanzará los límites absolutos de desarrollo durante los próximos cien años.

La tesis principal del informe es que: *"en un planeta limitado, las dinámicas de crecimiento exponencial (población y producto per cápita) no son sostenibles"*.

Si se pretende evitar el colapso la primera medida que debe tomarse en corto plazo es de igualar las tasas de natalidad y mortalidad en todo el mundo. En segundo lugar, destinar el capital para inversiones a tecnología tendiente al ahorro y substitución de recursos naturales, en primer lugar, la substitución del petróleo con energías renovables no contaminantes.

Lamentablemente es un objetivo difícil de lograr en el corto plazo porque la baja del índice de natalidad solo puede lograrse con un proceso lento educativo. Por otra parte, los intereses de las grandes empresas petroleras y la enorme infraestructura distributiva que debería reconstruirse atrasan el cambio.

Según los verdes[7] en un cálculo realizado en el año 2021 se gasta el doble de recursos que el planeta puede regenerar. El mayor impulsor de este desfasaje es la huella del carbono que aumenta alrededor del 6,6% por año, mientras se produce la disminución en el mismo periodo del 0,5% en la biocapacidad forestal, por la deforestación.

El peligro creciente del cambio climático es una de las principales preocupaciones. Se debe a los cambios de las temperaturas y los patrones climáticos. Desde el siglo XIX, las actividades humanas han sido el principal motor del cambio climático, por la quema de combustibles fósiles, como el carbón, el petróleo y el gas, con la consecuencia de producir gases que atrapan el calor incrementando las temperaturas a nivel mundial.

El impacto del cambio climático es enorme. Se derriten los glaciares que nos proveen de agua potable y para riego, se reduce la producción de alimento sujeta a grandes sequias o a la inversa a inundaciones por las tormentas cada vez más violentas. Se sufren intensas olas de calor.

En 1854, el presidente de los Estados Unidos de América, Franklin Pierce, hizo una oferta a los indios Swaminsh para comprar una gran extensión de tierras en el noreste de los EU, ofreciendo crear una reserva para esa tribu. La respuesta del jefe indio Seattle, es tan poéticamente profunda y de una potencialidad de previsión que la ubica como uno de los más bellos documentos escritos por el hombre a favor de la defensa del medio ambiente.

Vale la pena reproducirla entera porque no tiene desperdicio y puede servir como base de una discusión sobre el medio ambiente:

El Gran Jefe de Washington envió palabra de que desea comprar nuestra tierra. El Gran Jefe nos envía también palabras de amistad y buena voluntad. Apreciamos mucho esta delicadeza porque sabemos la poca falta que le hace nuestra amistad. Vamos a considerar su oferta, pues sabemos que, de no hacerlo, el hombre blanco vendrá con sus armas de fuego y tomará nuestras tierras. El Gran Jefe de Washington puede confiar en la palabra del Gran Jefe Seattle, con la misma certeza que confía en el retorno de las estaciones. Mis palabras son inmutables como las estrellas del firmamento.

¿Cómo se puede comprar o vender el cielo o el calor de la tierra?, esta idea nos parece extraña.

Si no somos dueños de la frescura del aire, ni del brillo del agua,

¿Cómo podrán ustedes comprarlos?

Cada pedazo de esta tierra es sagrado para mi pueblo, cada aguja brillante de pino, cada grano de arena de las riberas de los ríos, cada gota de rocío entre las sombras de los bosques, cada claro en la arboleda y el zumbido de cada insecto son sagrados en la

---

7 Los Verdes - La Opción Política Verde en Marchahttps://losverdes.org.ar

memoria y tradiciones de mi pueblo. La savia que recorre el cuerpo de los árboles lleva consigo los recuerdos del hombre piel roja.

Los muertos del hombre blanco olvidan la tierra donde nacieron cuando emprenden su paseo por entre las estrellas, en cambio nuestros muertos, nunca pueden olvidar esta bondadosa tierra, pues ella es la madre del hombre piel roja. Somos parte de la tierra y ella es parte de nosotros.

Las flores perfumadas son nuestras hermanas, el venado, el caballo, la gran águila, todos son nuestros hermanos. Las escarpadas montañas, los húmedos prados, el calor de la piel del potro y el hombre, todos pertenecemos a la misma familia.

Por esto, cuando el Gran Jefe Blanco de Washington manda decir que desea comprar nuestra tierra, pide mucho de nosotros. El Gran Jefe Blanco nos dice que nos reservará un lugar donde podamos vivir cómodamente. Él se convertirá en nuestro padre y nosotros en sus hijos. Por lo tanto, nosotros vamos a considerar su oferta de comprar nuestra tierra. Pero eso no es fácil, ya que esta tierra es sagrada para nosotros.

Esta agua cristalina que escurre por los riachuelos y corre por los ríos no es solamente agua, sino también la sangre de nuestros antepasados. Si les vendemos la tierra, ustedes deberán recordar que ella es sagrada, y deberán enseñar a sus hijos que ella es sagrada y que los reflejos misteriosos sobre las aguas claras de los lagos hablan de acontecimientos y recuerdos de la vida de mi pueblo.

El murmullo del agua de los ríos es la voz del padre de mi padre. Los ríos son nuestros hermanos, ellos calman nuestra sed. Los ríos llevan a nuestras canoas y nos dan peces para alimentan a nuestros hijos. Si les vendemos nuestras tierras, ustedes deberán recordar y enseñar a sus hijos que los ríos son nuestros hermanos y también los suyos, y por tanto deberéis tratar a los ríos con la misma dulzura con que se trata a un hermano.

Sabemos que el hombre blanco no comprende nuestro modo de vida. Tanto le importa un trozo de nuestra tierra como otro cualquiera, pues es un extraño que llega en la noche a arrancar de la tierra aquello que necesita. La tierra no es su hermana, sino su enemiga y una vez conquistada la abandona, y prosigue su camino dejando atrás la tumba de sus padres sin importarle nada. Roba a la tierra aquello que pertenece a sus hijos y no le importa nada. Tanto la tumba de sus padres como los derechos de sus hijos son olvidados. Trata a su madre, la tierra y a su hermano, el cielo, como cosas que se pueden comprar, saquear y vender, como si fuesen corderos o collares que intercambian por otros objetos. Su hambre insaciable devorará todo lo que hay en la tierra y detrás suyo dejaran tan sólo un desierto.

Yo no entiendo, nuestro modo de vida es muy diferente al de ustedes. La sola vista de sus ciudades apena los ojos del piel roja. Tal vez sea por que el hombre piel roja es un salvaje y no comprende nada. No existe un lugar tranquilo en las ciudades del hombre blanco, ni hay sitio donde escuchar cómo se abren las flores de los árboles en primavera, o el movimiento de las alas de un insecto. Pero quizás también esto se deba a que soy un salvaje que no comprende bien las cosas. El ruido de las ciudades parece insultar los oídos. Y yo me pregunto, ¿qué tipo de vida tiene el hombre si no puede escuchar el canto solitario del chotacabras, ni las discusiones nocturnas de las ranas al borde de un lago? Soy un piel roja y nada entiendo. Nosotros preferimos el suave susurro del viento sobre la superficie del lago, así como el olor de ese mismo viento purificado por la lluvia del mediodía, o perfumado por la fragancia de los pinos.

El aire es algo precioso para el piel roja, ya que todos los seres comparten el mismo aliento, el animal, el árbol, el hombre, todos respiramos el mismo aire. El hombre blanco no siente el aire que respira, como un moribundo que agoniza durante muchos días es insensible al hedor. Si les vendemos nuestras tierras deben recordar que el aire es precioso para nosotros, que el aire comparte su espíritu con la vida que sostiene. El viento que dio a nuestros antepasados el primer soplo de vida, también recibió de ellos su último suspiro. Si les vendemos nuestras tierras, ustedes deberán conservarlas sagradas, como un lugar en donde hasta el hombre blanco pueda saborear el viento perfumado por las flores de las praderas.

Queremos considerar su oferta de comprar nuestras tierras. Si decidimos aceptarla, yo pondré una condición: el hombre blanco debe tratar a los animales de esta tierra como a sus hermanos. Soy un salvaje y no comprendo otro modo de vida. He visto miles de búfalos pudriéndose en las praderas, abandonados allí por el hombre blanco que les disparo desde el caballo de hierro sin ni tan solo pararlo. Yo soy un salvaje y no comprendo como el humeante caballo de hierro pueda importar más que el búfalo al que nosotros solo matamos para poder vivir. ¿Qué sería del hombre sin los animales? Si todos los animales fuesen exterminados, el hombre también perecería de una gran soledad de espíritu, pues lo que ocurra a los animales pronto habrá de ocurrirle también al hombre.

Todas las cosas están relacionadas entre si. Deben de enseñarle a sus hijos que el suelo que pisan son las cenizas de nuestros antepasados. Digan a sus hijos que la tierra está enriquecida con las vidas de nuestro pueblo, a fin de que sepan respetarla.

Es necesario que enseñen a sus hijos, lo que nuestros hijos ya saben, que la tierra es nuestra madre. Todo lo que ocurra a la tierra, les ocurrirá también a los hijos de la tierra. Cuando los hombres escupen en el suelo, se están escupiendo así mismos. Esto es lo que sabemos: la tierra no pertenece al hombre, es el hombre el que pertenece a la tierra. Esto es lo que sabemos: todas las cosas están ligadas como la sangre que une a una familia. El sufrimiento de la tierra se convertirá en sufrimiento para los hijos de la tierra. El hombre no ha tejido la red que es la vida, solo es un hilo más de la trama. Lo que hace con la trama se lo está haciendo a sí mismo.

Nuestros hijos han visto cómo sus padres eran humillados mientras defendían su tierra. Nuestros guerreros han sentido vergüenza, y ahora pasan sus días ociosos, mientras contaminan sus cuerpos con comida dulce y agua de fuego. Importa poco donde pasaremos el resto de nuestros días, no son demasiados. Unas pocas horas, unos pocos inviernos y ninguno de los descendientes de las grandes tribus que alguna vez vivieron sobre esta Tierra, estarán aquí para lamentarse sobre las tumbas de una gente que un día tuvo poder y esperanza. Ni siquiera el hombre blanco, cuyo Dios pasea y habla con él de amigo a amigo, quedará exento del destino común. Quizás seamos hermanos a pesar de todo, ya se verá algún día. Sabemos una cosa que quizás el hombre blanco tal vez descubra algún día, el Dios nuestro y el de ustedes es el mismo Dios. Ustedes creen que Dios les pertenece, de la misma manera que desean que nuestras tierras les pertenezcan, *pero no es así. Él es el Dios de todos los hombres y su compasión se extiende por igual entre los pieles rojas y los caras pálidas.*

Esta tierra es preciosa, y despreciarla es despreciar a su Creador y se provocaría su ira. También los blancos se extinguirán, quizás antes que todas las otras tribus. Contaminan sus lechos y una noche perecerán ahogados en sus propios desechos. Ustedes caminan hacia su destrucción rodeados de gloria, inspirados por la fuerza del Dios que los trajo a esta tierra y que por algún designio especial les dio dominio sobre ella y sobre el piel roja. Ese destino es un misterio para nosotros, pues no entendemos porqué se exterminan los búfalos, se doman los caballos salvajes, se impregnan los rincones secretos de los densos bosques con el olor de tantos hombres y se obstruye la visión del paisaje de las verdes colinas con un enjambre de alambres de hablar.

¿Dónde está el matorral? Destruido

¿Dónde está el águila? Desapareció

Es el final de la vida y el inicio de la supervivencia.

Dejemos de lado la conmoción que inspira ese texto. ¿Podría la humanidad vivir como sugiere el gran jefe Seattle?

Solo al costo de no crecer. El planeta podría cobijar muy pocos hombres si estos se limitaran a vivir solo recolectando lo que la naturaleza puede ofrecer si no se la fuerza. En el momento del descubrimiento de América en todo el inmenso territorio del actual Estados Unidos vivía poco menos de un millón de personas. No estaban en un paraíso terrenal. Luchaban cruelmente entre tribus compitiendo por los recursos naturales. La población indígena precolombina se acumulaba donde había aprendido la actividad agrícola como en los imperios Azteca e Inca. Hoy solamente en EU se cobijan más de 300 millones de personas. No cabe entonces un ecologismo radical que pretenda volver en el tiempo sino una solución que contemple reducir al mínimo la inevitable contaminación de la especie humana y limitar su crecimiento exponencial.

El concepto de sacralidad de la tierra y de la hermandad con todos los seres vivientes es conmovedor y debería ser motivo de enseñanza a nuestra desaprensiva juventud que se embrutece en las discotecas, totalmente alejada de la madre naturaleza.

No es cierto sin embargo que el cara pálida haya robado a sus hijos.

El piel roja es fatalista, confía en la sagrada naturaleza y acepta con resignación su voluntad frecuentemente cruel. Sus hijos mueren por falta de alimentos, por frío por las enfermedades. Quizás de cinco hijos, uno, con suerte pueda llegar a superar la niñez y perpetuar la estirpe. La esperanza de vida del piel roja no superaba los veinte años.

El cara pálida no se resigna. Construye casas para soportar mejor la rigidez del invierno Cultiva y cría animales de granja que le proveen de alimentos, lucha en contra de las enfermedades tratando de descubrir sus causas y combatirlas, deja en herencia a sus hijos animales, herramientas y, sobre todo tecnología y conocimientos que pueden asegurarles el futuro. Es mucho mejor que heredar recursos naturales que obligan a soportar los avatares de los ciclos climáticos, sin reaccionar, por enfermedades y muertes. El viento no siempre es perfumado por las flores de las praderas. También suele traer tormentas que castigan los precarios reparos de los pieles rojas.

Es cierto que el hombre blanco fue destructivo y acabó estúpidamente por las manadas de búfalos, pero también es cierto que jamás quedará sin animales porque los domestica y reproduce.

Da pena someter a una crítica objetiva una pieza tan hermosa en su sinceridad poética. Todo lo que escribe el jefe Seattle se basa en el sentir de un pueblo agonizante, pero sería un error tomarla como objetivo de una ecología radical que pretende volver en el tiempo a una relación idílica con la sagrada naturaleza, sin tener en cuenta que hoy debe sustentar la enorme cantidad de 7.900 millones de personas.

Las últimas palabras del jefe Seattle quizás sean proféticas. Arriesgamos el final de la vida y el inicio de la supervivencia.

En consecuencia, es necesario reaccionar en forma urgente, pero asumiendo una posición antropocéntrica.

Uno de los tantos ejemplos para explicar la diferencia entre la ecología radical, hoy *"políticamente correcta"* y la antropocéntrica es el de la minería. Los radicales claman y hacen manifestaciones a veces violentas para prohibir la minería metalífera. En Mendoza (Argentina) han logrado una ley anti minera que ha paralizado toda inversión en ese campo, abandonando la posibilidad de utilizar los ricos yacimientos. Hasta se paralizó la extracción de sales potásica en una explotación de importancia mundial, sin tener en cuenta que el potasio es necesario para mantener la fertilidad del suelo.

Una visión antropocéntrica no sería abolicionista en forma drástica, sino permitiría la minería con la condición de reducir al mínimo la contaminación. La tecnología moderna lo permite.

La posición intransigente es perjudicial y también hipócrita. Los que claman por una naturaleza incontaminada andan en auto y prohíben la extracción del cobre, pero lo importan porque no pueden renunciar a la electricidad y a los motores.

Otro tema de moda es el del rechazo de los transgénicos. Nadie ha demostrado jamás que sean perjudiciales para la salud. Sin embargo, se pierde tiempo y credibilidad en combatirlos.

Los ecologistas radicales causan rechazo en todas las personas dotadas de sentido común. Solo contribuyen con sus estridencias a quitar seriedad a un problema que es real y exige urgentemente soluciones factibles.

Como conclusión, no hay que dejarse seducir por los ecologistas teóricos, pero es indispensable presionar y hacer los sacrificios necesarios para un cambio más rápido. La substitución de vehículos a explosión con los eléctricos está en marcha, pero es demasiado lenta, aún más el uso del hidrógeno como combustible.

La utilización de energía limpia avanza, pero con demasiada timidez. Urgen medidas para acelerar el proceso.

Demasiado poco se hace, salvo en China, para reducir el alocado crecimiento de la población en países pobres como los africanos o fanáticos religiosos como los musulmanes.

Por último, debemos vivir en mayor armonía con la naturaleza si volvemos a creer que nuestra mente es un desprendimiento indestructible, una ruedita interconectada de la energía universal. La naturaleza es un inmenso contenedor de elementos unidos entre sí para generar vida como la tierra, el agua, el aire, los vegetales, animales.

Somos parte de un principio creador de todo lo que existe y tenemos el deber de cuidar los dones recibidos. Cuando vivimos en armonía con la naturaleza, descubriendo también las posibilidades y aceptando las limitaciones de nuestro cuerpo, logramos el equilibrio. Si se rompe, empiezan las disfunciones mentales y, como lógica consecuencia, las corporales. Al forzar la naturaleza, algo se rompe en nuestro interior. En los últimos tres decenios, las consultas a médicos y psicólogos se han incrementado más de diez veces. El cáncer, por ejemplo, es una enfermedad relativamente moderna. No se encuentra en las momias antiguas que han sido investigadas.

A parte la obligación de cuidarnos nosotros mismos y a los demás seres vivientes, es nuestro deber reducir el impacto negativo de la acción humana en la tierra. La llenamos de basura, talamos los bosques, contaminamos la atmósfera. Nuestro poder destructivo es inmenso. En eso el gran jefe Seattle fue profeta.

CAPÍTULO VII:

LIBERTAD VERSUS IGUALDAD

Una persona es libre cuando puede decidir y emprender la acción que más le convenga, asumiendo la responsabilidad de sus actos con compresión de las posibles consecuencias.

Un hombre es libre cuando no se le impide hacer lo que tiene la voluntad de hacer y puede desarrollar su iniciativa individual con su potencial de fuerza e ingenio.

El deseo de libertad acompaña al hombre desde su aparición en la tierra.

El problema que nunca la humanidad resolvió totalmente es el de compatibilizar la necesidad de jerarquías y de Gobierno con una aceptable libertad individual. En la mayor parte de su larga historia la humanidad fue sometida a Gobiernos dictatoriales y arbitrarios.

A pesar de todo, nunca amainó la laucha por la libertad. Marco Aurelio, un emperador que gozaba de poder absoluto, respetó con gran sabiduría este sentimiento tan difundido y propuso:

"Una política en la que existe la misma ley para todos, una política administrada con respecto a la igualdad de derechos y la libertad de expresión, y la idea de un gobierno real que respete sobre todo la libertad de los gobernados"

El ansia de libertad impulsó experiencias tan interesantes como la democracia ateniense e inventó sistemas tan complejos como la República romana. En el medioevo fomentó el éxodo rural para escapar del régimen feudal y organizó las corporaciones en las ciudades italianas para fortalecerse frente al poder feudal.

El liberalismo cree que el principal objetivo de la política es respetar los derechos individuales.

El estado de libertad implica que el individuo no es sujeto al deseo de otros de forma coercitiva.

En el siglo de las luces, fundamento intelectual de la Revolución Francesa, se intensificó el deseo de libertad. Los revolucionarios franceses marchaban pidiendo: *"Liberté, igualité, fraternité"* No se captaba entonces que el logro de la libertad, en algunos casos es complementario de la igualdad, pero en muchos otros, por ejemplo, en lo económico, es fuertemente antagónico.

Valga algún ejemplo. No se puede lograr la igualdad antes las leyes si no se logra un régimen de Gobierno democrático.

A la inversa, si se pretende igualar los ingresos de la población independientemente del mérito de cada individuo, es necesario un alto grado de coerción. Alexis de Tocqueville, el gran pensador francés del siglo XIX escribía: *"El socialismo es una nueva forma de esclavitud"*.

Puestos frente a la disyuntiva de elegir entre libertad e igualdad, gran parte de la población exige la igualdad, por la cual sienten una verdadera pasión.

Esto se debe a que los sentimientos negativos, en especial la envidia es muy fuerte en las personas. Frente a la perspectiva de mejorar un poco en su bienestar, pero menos que los demás, de manera que se incrementa la diferencia o empeorar un poco, pero con descalabro menor del que aflige a sus conocidos, la mayoría de las personas elegiría la segunda opción. Tal es el nivel de competitividad.

La igualdad jurídica no parece suficiente y todavía mucha gente escucha las promesas marxistas de la abolición de las clases y de la explotación.

La diferencia entre clases era muy acentuada en las monarquías absolutistas. El rey en la cumbre seguido por la corte, los nobles, los sacerdotes, los comerciantes, los administradores y empresarios, al final los campesinos y los desamparados de las ciudades.

Se redujo, con el tiempo, después de la revolución francesa.

En la actualidad la diferenciación en los estilos de vida es mínima. Subsiste una gran disparidad de ingresos entre un grupo reducido de Propietarios o directores de grandes empresas y el resto, pero las grandes multinacionales que tiene centenares de miles de empleados operan en todo el mundo y tienen un poder económico frecuentemente superior al de pequeños países. El capital de empresas como Amazon o Microsoft se basa más que todo en el conocimiento no expropiable. Los mismos países comunistas como China y Rusia se abren a su expansión.

En el resto de la población, más del 95%, la diferenciación de clases es mínima. Con salarios básicos de más de 1.000 dólares en Europa y casi 2.000 en E.U, el llamado proletariado satisface con holgura sus necesidades básicas. La gran mayoría de los obreros europeos o norteamericanos poseen una casa y un auto.

Los *"burgueses"* como los denominan ridículamente los comunistas, Constituyen la clase media que no trabaja manualmente y no ganan mucho más de los proletarios. Los países europeos con Índices de Gini de poco más de 20 han llegado, a una notable igualdad de ingresos. Un médico, en promedio gana no más del doble de un obrero, a pesar de la gran responsabilidad que implica su profesión.

Países que hicieron la revolución comunista con enormes sufrimientos tienen hoy más desigualdad de ingreso, un índice de Gini de más de treinta mientras las democracias occidentales rondan un índice de 25, los países del norte de Europa con menos de 25.

El "Diccionario filosófico soviético · 1959:251-252" define la igualdad según la nueva Biblia izquierdista:

"Igualdad: Concepto que significa la situación igual de los individuos en la sociedad, que, no obstante, presenta un contenido distinto en las diversas épocas históricas y en el seno de las diferentes clases. En la acepción burguesa, la igualdad sólo significa la igualdad de los ciudadanos ante la ley, manteniéndose la explotación del hombre por el hombre y la desigualdad patrimonial y política (las masas trabajadoras carecen en efecto de derechos). Las teorías pequeñoburguesas de la igualdad arrancan del derecho de cada individuo a la propiedad privada, pero con arreglo a principios más o menos equitativos. En uno y otro caso se prescinde de lo principal: la posición hacia los medios de producción. El marxismo parte de que sin la supresión de la propiedad privada sobre los medios de producción y la liquidación de las clases explotadoras es imposible la igualdad económica (esfera de producción, distribución y consumo de los bienes materiales), política (esfera de las relaciones de clase, nacionales e interestatales) y cultural (esfera de la producción, distribución y consumo de los bienes espirituales). Únicamente el triunfo del socialismo permite establecer la verdadera igualdad respecto a los medios de producción. Como bajo el socialismo se conservan todavía vestigios de la desigualdad social, en virtud de que aún persiste la diferencia entre el trabajo intelectual y el trabajo físico, de que rige el principio de distribución según la cantidad y calidad del trabajo, &c., la igualdad completa, la plena homogeneidad de la sociedad, se alcanzará tan sólo bajo el comunismo".

Es interesante analizar algunos conceptos del diccionario.

"La explotación del hombre por el hombre" Es uno de los lugares comunes más difundido del progresismo. Ahora bien: ¿En qué país occidental subsiste la explotación del hombre por el hombre? Las legislaciones laborales son sumamente severas. Cubren la salud del trabajador con las mutuales, el riesgo de trabajo con indemnizaciones altas en el caso de resultar algún grado de discapacidad, indemnizaciones por despido, jubilaciones.

Es mucho más común, sobre todo en las pequeñas empresas que el dependiente chancaquee al patrón con amenazas de denuncia que la inversa. La Justicia es muy benevolente con los trabajadores. Hay Naciones, como la Argentina, donde más del 90% de los fallos son a favor del dependiente.

En cambio, en las Naciones que han concretado la revolución comunista como China las exigencias en relación al trabajo son mucho más severas.

Sin la supresión de la propiedad privada sobre los medios de producción y la liquidación de las clases explotadoras es imposible la igualdad económica.

Estos conceptos ya son obsoletos frente a la realidad actual. En la época de Marx, el capital, constituido por los bienes de producción era el factor más importante. Con el tiempo perdió peso frente a una tercera dimensión que se basaba en el conocimiento y la tecnología. A partir de los últimos decenios del siglo XX, las computadoras, la informática, el Internet, los avances de la megatrónica y de la robotización impulsaron una inimaginable revolución productiva. Surgieron muchas grandes empresas desde google a Microsoft.

La idea de la expropiación de bienes productivos como eran un siglo atrás, las máquinas, las calderas, los galpones hoy son arcaicos. ¿Qué van a expropiar? El celebro de los programadores, el principal capital de las consultoras modernas, empresas que dan trabajo a centenares de miles de personas.

La idea de que la estatización termina con la explotación del hombre es otra falsedad. Las empresas privadas modernas ofrecen muchas más posibilidades de progreso en base al mérito que el Estado. Los privados son siempre mejores para utilizar recursos que el Estado. Son inclusive menos corruptas. Rusia comunista tiene un índice de corrupción más alto que las democracias occidentales. En el mapa de corrupción Rusia comparte el color con países latinoamericanos.

"Después de la victoria del socialismo en la U.R.S.S. hubo tentativas de resucitar las concepciones pequeño-burguesas bajo la forma de igualitarismo en el consumo personal y en el modo de vida, independientemente de la calidad y de la cantidad de trabajo aportado. Estas tendencias tenían un carácter reaccionario. Stalin dio esta definición científica de la concepción proletaria, marxista de la igualdad. "El marxismo entiende por igualdad, no la nivelación de las necesidades y de la vida personal, sino la abolición de las clases, es decir: a) la liberación igual de todos los trabajadores de la explotación después del derrocamiento y de la expropiación de los capitalistas; b) la abolición igual para todos, de la propiedad privada de los medios de producción, después que estos últimos han pasados a ser propiedad para toda la sociedad; c) el deber, igual para todos, de trabajar según sus capacidades, y el derecho, igual para todos los trabajadores, de ser remunerados según su trabajo (sociedad socialista); d) el deber, igual para todos, de trabajar según sus capacidades, y el derecho, igual para todos los trabajadores, de ser remunerados según sus necesidades (sociedad comunista)"[8]

"Las realizaciones históricas, al establecer una auténtica igualdad en la Unión Soviética, han encontrado su consagración en la Constitución de la U.R.S.S".

Citamos estas palabras de Stalin como ejemplo de la increíble caradura que caracteriza la mayoría de los comunistas. Las expropiaciones, en especial las de tierras, condujeron a más de 20 millones de muertos por inanición. *"La liberación de los trabajadores"* fue mandarlos a la muerte. El derecho de *"ser renumerado según necesidades"* acabó con todo incentivo al mérito.

Se habla además de realizaciones histórica y de una Constitución que garantiza la igualdad. Sin embargo, de acuerdo al índice de Gini, la desigualdad de ingresos en Rusia es mayor que la de cualquier país democrático.

"Sólo en el comunismo se alcanza la plena igualdad. Ahora bien, la igualdad comunista no significa cualquier nivelación de todos los individuos, sino, por el contrario, proporciona a cada persona posibilidades ilimitadas para que desarrolle libremente sus capacidades y necesidades en conformidad con los gustos y cualidades individuales".

¿Dónde? ¿En qué país comunista se ha logrado este objetivo?

Textos como el diccionario de filosofía marxista soviético son, aun hoy, *"políticamente correctos"* para los progresistas. Son parte de la nueva Biblia.

Toda mención a los pensadores liberales es rechazada con desdén por los progresistas.

---

[8] Stalin, Cuestiones del leninismo, pp. 560 y 561, Ed. esp., Moscú, 1941.

Consideran imposible una libertad para que todos hagan lo que quieran, vivan como les plazca, y no estar atados por ninguna ley. Es tergiversar la verdad porque toda persona que ama la libertad también admite que está limitada por las leyes tanto en el estado de la naturaleza como en la sociedad política.

El liberalismo moderno ha sustentado su base ideológica en la primacía de lo económico por sobre lo político, como forma de expandir libertades individuales hoy muy coartadas, en su libertad de actuar, por la burocracia estatal cuyo principal objetivo es de afirmarse en sus funciones.

CONCLUSIONES

La humanidad ha sufrido, a lo largo de su lento desarrollo por ideales dogmáticos falsos que han atrasado su evolución.

Esto se debe a que constituimos una especie altamente competitiva condicionada por sentimientos de agresividad y desconfianza hacia los demás que suelen prevalecer sobre los de colaboración. De las ideas surgen los ideales o sea nuestras máximas aspiraciones con una marcada tendencia al dogmatismo. Es probable que esta actitud se deba a la necesidad de adquirir certezas frente a los avatares peligrosos de nuestra vida.

También suelen constituir una fuente de unir a la comunidad con fuertes lazos detrás de un objetivo común. El hombre necesita banderas para concentrarse en pos de un proyecto. Por eso le es más cómodo actuar impulsado por instintos y sentimientos que guiarse por la razón. Guiarse por ella requiere gran coraje personal. Significa apartarse de la cómoda protección del rebaño, encumbrar la propia libertad de acción dispuesto a luchar solo. La defensa de la libertad nos enfrenta a las opiniones aceptadas como reglas por nuestros semejantes, despertando su desconfianza y odio.

No importa si el ideal es falso y estúpido, si es aceptado por la mayoría adquiere el estatus de *"Políticamente correcto"* y no aceptarlo suele ser peligroso y marginador.

En este trabajo, se analizan algunas de las más importantes banderas que han cautivado y condicionado la humanidad durante muchos siglos.

El racismo

En primer lugar, el racismo. Después el machismo que asegura la dominancia del hombre sobre la mujer. En tercer lugar, los dogmas que han regulado la sexualidad a través del tiempo. Seguirían las actitudes, variables, que la humanidad ha establecido para reprimir los crímenes y la violencia. En quinto lugar, el problema de la jerarquización social, base de su gobernabilidad. Por último, la interacción con la naturaleza, hoy llamada ecología.

El racismo nos acompaña desde las épocas tribales y está vinculado a dos antiguos trastornos de la personalidad humana: la paranoia y el narcisismo. La primera alienta el temor y la desconfianza hacia todo lo desconocido y el segundo impulsa un sentido de superioridad. El narcisista tiende a despreciar o mirar con desdén a personas que percibe como inferior.

El machismo

La dominancia del hombre sobre la mujer es quizás aún más antigua que el racismo. Se fundamentó en la mayor fuerza física del hombre que le permitía someter a su pareja en una época en que la fisicidad era el atributo más importante. También influyó la mayor dependencia de la mujer por su función reproductiva que la inhabilitaba mucho tiempo para procurarse su sustento y el de su cría.

La sexualidad

La sexualidad es una de las funciones corporales no muy distintas del comer o el dormir, sin embargo, implica muchas mayores responsabilidades sociales. Nuestra especie humana, a diferencia de lo que ocurre con la mayoría de las animales, exige un muy largo tiempo de crecimiento para llegar a adultos. Es impactante la diferencia entre los seis meses de un perro y 20 años de un hombre. El largo periodo de crianza e indefensión no puede ser enfrentado solamente por la madre. Necesita colaboración y la lógica indica que el responsable de ayudar es el padre que la dejó embarazada.

Las consecuencias que puede tener un acto sexual ligando una pareja por largo tiempo es la causa que desde el principio de la historia haya sido reglamentada y controlada con la consecuencia de represión, sobre todo para la mujer.

La violencia

Desde que el hombre ha sentido la necesidad de unirse con otros para colaborar en la búsqueda de presas grandes, la violencia fue repudiada, ya que es imposible vivir en sociedad si algún individuo no respeta las reglas de la convivencia y pretende apropiarse de satisfactores despojando a los otros o utiliza su fuerza física para golpear o matar al prójimo. Desde un principio, la represión a los infractores de las reglas sociales se basó en una equivalencia entre crimen y castigo, el bíblico ojo por ojo, diente por diente. Solamente en las últimas décadas ha surgido conciencia de que detrás de cada crimen individual se presenta una responsabilidad social por haber marginado en la infancia al criminal y no haberle suministrado una buena educación. Como consecuencia de esta nueva postura se considera substituir en lo posible el castigo con la tentativa de reeducación para compensar las fallas anteriores.

Jerarquización de la sociedad

Otros ideales dogmáticos han sido aceptados por la humanidad para aceptar la estratificación de la sociedad y justificar el poder absoluto de los gobernantes. En las primeras etapas del desarrollo se sacralizaron los reyes aceptando que su poder derivaba directamente de Dios. Después fueron los sacerdotes que adquirieron el estatus de intermediarios entre Dios y los hombres. Los nobles trataron de justificar su posición social privilegiada asumiendo el papel de protectores dispuestos hasta a sacrificar su vida para proteger sus vasallos.

En el siglo XIX, comenzaron a afirmarse sistemas gobierno más democráticos. La burguesía reemplazó en el poder a la nobleza, barrida por la revolución francesa. Lamentablemente no se demostró suficientemente preparada para la nueva misión.

Hoy, en este comienzo del siglo XXI prevalecen en occidente las democracias basadas en el voto popular. Sin embargo, es tanto el desprestigio de los políticos que la mayoría cree que un hombre honesto y digno no podría aspirar a gobernante. En este estado de degeneración burocrática, las jerarquías se han invertido.

La ecología

La paulatina destrucción de los recursos naturales es una directa consecuencia de un imparable incremento de la población mundial. Los logros de la tecnología ofrecen oportunidades, como la energía limpia, de reducir la contaminación. Este proceso avanza sin embargo más lentamente que el desequilibrio producido por las altas tasas de nacimiento, imparable en África y en los países más pobres del planeta.

Si no se igualan los índices de natividad con los de mortalidad, induciendo a un crecimiento cero, será difícil evitar un colapso ecológico de consecuencias imprevisibles.

Situación actual

En los últimos cincuenta años, la sociedad occidental ha logrado librarse de muchos ideales dogmáticos que la afligieron durante su evolución.

Las nuevas libertades han aumentado la diferencia con civilizaciones todavía ligadas a los antiguos tabúes como las medioorientales. Es chocante ver pasear por nuestras calles hombres barbudos con túnicas hasta los pies seguidos por las mujeres completamente tapadas que se mantienen a distancia en filas indias.

Hoy, en occidente, muy pocos niegan la igualdad de derechos entre los sexos, se ha reducido a un mínimo el racismo, se goza amplia libertad sexual, han mejorado las cárceles, surge una nueva conciencia ecológica.

Parecería que se ha emprendido la vía de una mayor racionalidad, pero si se observa cual es el pensamiento *"políticamente correcto"* la esperanza desvanece. Amainó un vendaval de ideología incorrecta, pero está surgiendo otro en sentido inverso.

Las nuevas irracionalidades

Nos estamos sumiendo en la etapa que Platón denominó de degeneración democrática. Las ideas aceptadas por la mayoría de las Facultades de Ciencias Sociales y Humanísticas, a nivel mundial, caen de nuevo en la irracionalidad. Desde las Universidades se han extendido en toda la civilización occidental con peligro de derrumbe.

El principal problema es una autocrítica histórica que niega los muchos aspectos positivos. El principal, de enorme incidencia, es el avance increíble de la ciencia y de la tecnología, que ha favorecido toda la humanidad y es mérito casi exclusivo de occidente.

El discurso *"políticamente correcto"* actual desconoce los méritos, derrumba las estatuas de Colón y reniega de la fecha del descubrimiento de América considerada nefasta. Se regocija con el mito del buen salvaje, ignorando que Estados Unidos, en menos de 6 siglos, se ha transformado en la primera potencia tecnológica mundial.

Siguiendo con su discurso moderno, los autodenominados progresistas no se conforman con el logro de igualdad de derechos entre los dos sexos y abogan por un feminismo integral que es un delirante proyecto de *"igualdad de género"* y *"lenguaje inclusivo"* que pretenden negar el dimorfismo sexual y ofrecer a cada individuo a elegir el sexo que se le ocurra con la ayuda de la ciruja y de las hormonas. Una de las últimas ocurrencias es la de borrar en los documentos de identidad toda referencia al sexo.

La libertad sexual tampoco es suficiente. El *"orgullo gay"* pretende imponer una superioridad de la homosexualidad respecto a la heterosexualidad. El contrato matrimonial es el menos respetado de todos los contratos, ya que exige una fidelidad que, en la práctica, es pocas veces acatada. Están de moda jueguitos como el de las llaves que permiten el intercambio de parejas. Los divorcios y las separaciones dejan desamparados muchos niños.

Las ideas consideradas correctas sobre el crimen y la violencia han descalabrado una Justicia desganada y burocratizada. Hay Naciones hoy como Chile y Argentina donde el crimen es tan difundido que todas las casas deben tener rejas y amurallarse y, aun así, corren peligros.

Nada serio se ha hecho concretamente para complementar el discursito del *"garantismo"* con las inversiones materiales e intelectuales necesarias para *"reeducar"* a los delincuentes. Solo se acentúa su sentido de impunidad.

En temas políticos, el pensamiento mayoritario de los intelectuales de izquierda, que constituyen una mayoría, es netamente autodestructivo. Reniegan la tradición histórica occidental y aplauden a cualquiera que la ataque. Hasta son islamófilos, a pesar de que los gobiernos teocráticos de los países musulmanes renieguen todos los ideales progresistas. Estas inmensas contradicciones se justifican por el anhelo de destruir el sistema que ellos llaman capitalista, aunque no tengan claro con que substituirlo. *"Primero destruir, después todo vendrá por añadidura"*

El pensamiento político más difundido en la actualidad entroniza la igualdad, aún a costa de sacrificar la libertad. El énfasis es tan pronunciado que, si el logro de la igualdad solo es posible destruyendo la economía del país, llevando a todo el mundo a la miseria, se considera un éxito. Por eso, los pensadores de izquierda admiran la dictadura cubana y defienden hasta la situación actual venezolana que ha obligado al éxodo del 30% de su población y los restantes sobreviven gracias a las remesas de los emigrados a sus familiares. El hecho de que Venezuela haya sido uno de los dos o tres países más ricos de Sudamérica y ahora sea el más pobre, superado hasta por Haití no conmueve y se considera con respeto esa revolución castrista que ha dejado el país en manos de corruptos narcotraficantes.

Mientras la represión llega al salvajismo de las ejecuciones callejeras, Gobiernos como el argentino, dominado por el pensamiento *"políticamente correcto"*, sigue apoyando a la dictadura venezolana en nombre de lo que llaman *"Justicia Social"* y necesidad de formar un *"hombre nuevo"*. Países tradicionalmente anti occidentales como Rusia y China continental apoyan sin reserva todo gobierno dictatorial que se declare de izquierda aprovechando y estimulando la autofagia de los progresistas occidentales que constituyen una quinta columna multitudinaria instalada en las democracias con ánimo de destruirlas.

Sobre las ruinas de las antiguas creencias ha surgido la nueva Biblia progresista. Asombra la velocidad con que se difunde en los países occidentales. Sus dogmas son tan irracionales que podría sospecharse que el que los acepta sin cuestionarlos puede sufrir un trastorno psicológico.

¿Quién puede aplaudir la destrucción de un país como ocurre en Venezuela que obliga su población a la diáspora para sobrevivir?

Parece que las personalidades de los habitantes de los países occidentales se están progresivamente trastornando.

Argentina, por ejemplo, es otro país latinoamericano que vota Gobiernos de izquierdas que la están paulatinamente destruyendo.

Un informe elaborado por el Observatorio de Tendencias Sociales y Empresariales de la Universidad Siglo 21 se basa en una investigación realizada a nivel de país basada en 1050 encuestas telefónicas, entre mujeres y hombres de 18 a 65 años.

El resultado indicaría que los argentinos son muy narcisistas, obsesivos, histriónicos y hasta un tanto paranoicos. Estos estilos de personalidad son los más comunes.

En primer lugar, se destaca el narcisismo. Un 45% de los encuestados se siente *"especial y superior"* Tiende a considerarse una excepción a las reglas y, en consecuencia, merecedor de un trato especial. Son muy sensibles a los que consideran falta de respeto a su persona. Creen muy importante ser admirado y reconocido. Por eso tienden a decir lo que creen más ventajoso para su imagen antes que chocar con otro para defender una opinión propia.

La personalidad obsesiva que manifiesta un 33% de los encuestados impulsa a tener un control pleno de las emociones, pero como efecto inverso, los hacen muy sensibles a las frustraciones.

Lo que más preocupa es el rasgo paranoico que se pone de manifiesto en un 54% de los encuestados. Afirman que no debe confiarse en otros.

Uno de los rasgos más marcados del llamado progresismo es jamás asumir culpas y descargarlas en el prójimo. El destinatario preferido es Estados Unidos, el gran Satanás. Maduro, en Venezuela, llega al absurdo de explicar los cortes de energía eléctrica, debidos a la obsolescencia de sus equipos, a atentados de Estados Unidos.

Es llamativa la absoluta irracionalidad de la mayoría de las inventadas teorías conspirativa. Si los jefes confían en que todas las estupideces que jalonan sus discursos serán creídas es que el rasgo paranoico de sus oyentes les permite hacerlo. Algo así sucedió en el pasado con Hitler. No hubiera habido Holocausto sin la complicidad de millones de alemanes que creyeron todas las patrañas de los discursos del jefe.

Difundir la paranoia entre sus seguidores es una de las prioridades de los que quieren afirmar nuevas teorías sociales. La cacería de brujas, el enemigo común, es indispensable para iniciar una nueva religión.

La falta de flexibilidad de la nueva Biblia progresista será la causa de su disfuncionalidad en el largo plazo. Queda la incógnita de qué modo y en cuanto tiempo perderá credibilidad.

Un dato significativo parece ser que el cuento de lo *"políticamente correcto"* parece haber llegado a límites difíciles de superar.

Se aboga, por ejemplo, a la apertura a la inmigración desde los países más pobres, pero ningún progresista se ofrece para recibir en su casa un africano. Hasta el Papa Francisco clama por abrir las puertas a los refugiados de otros países. Sin embargo, la apertura, sin límites, de fronteras llevaría a una invasión de millones de inmigrantes africanos en Europa y latinoamericanos en Estados Unidos que conducirían a un colapso de la infraestructura, de la economía y de la educación. Se corre el riesgo, si se insiste en ese tema, de perder popularidad y revivir antiguos nacionalismos.

Otro aspecto cuestionado es el del garantismo. Las encuestas a las poblaciones en especial las latinoamericanas, demuestra que el requerimiento de mayor seguridad y reformas de la Justicia son los aspectos más marcados. El desafío es encontrar una solución que sea satisfactoria para todos.

En el caso de la libertad sexual, se ha llegado al límite y los activistas ya no saben que más pedir y en que entusiasmar a la gente. Aprobado en muchos países el matrimonio homosexual, legalizado el aborto y el sexo con animales ¿qué otra bandera se puede esgrimir? La legalización de la pedofilia es muy resistida y repugna a la mayor parte de la gente.

Queda un tema rico de posibilidades, el de la ecología. Se pueden emprender muchos combates en el tema del medio ambiente, pero, para que sean exitosos deben abandonarse las teorías poéticas de sacralizar la naturaleza y aceptar el enfoque antropocéntrico. Esto significa la naturaleza al servicio del hombre con la obligación, por parte de este, de cuidarla y conservar sus recursos naturales. Es un problema de utilización de tecnologías no contaminantes, por una parte, por la otra reproducir la especie humana con moderación. No es compatible en un planeta limitado un crecimiento ilimitado. Cada persona que nace es contaminante y necesita recursos también muchos no renovables.

Una consideración final podría referirse al comportamiento actual de la especie humana. El discurso *"políticamente correcto"* parece favorecer sentimientos negativos. Esto se debe que el progresismo se especializa en destruir viejos ideales, pero no tiene claro como substituirlos. Son enemigos de las democracias occidentales, pero donde han tomado el poder han llevado el país a la pobreza como en Cuba, en Venezuela, en Corea del Norte.

Al arrasar con viejos prejuicios, como el nefasto nacionalismo, no supieron distinguirlo del patriotismo que impulsa sentimientos positivos.

Charles de Gaulle definió claramente los dos conceptos:

"Patriotismo es cuando el amor por tu pueblo es lo primero, nacionalismo cuando el odio por los demás pueblos es lo primero"[9]

George Orwell escribió que el nacionalismo no debe ser confundido con el patriotismo.

"Entiendo por patriotismo la devoción por un lugar determinado y por una particular forma de vida... que no se quiere imponer...; contrariamente, el nacionalismo es inseparable de la ambición de poder"[10].

La nueva Biblia progresista menosprecia los sentimientos sanos y generosos, de amor a la tierra donde uno nació, donde vivieron sus ancestros, los paisajes. las personas que conoció en su infancia. No tiene en cuenta que estos recuerdos contribuyen a evitar la soledad, impulsan la colaboración y constituyen un antídoto en contra de la soledad que nos aflige actualmente. Todos estos sentimientos son considerados burgueses y conservadores.

Tampoco la libertad sexual ha traído conformidad y alegrías en los jóvenes. Satisface impulsos, sensaciones agradables, pero se añoran los sentimientos.

"Hoy es fácil, me decía un joven de 24 años trabar una relación y tener sexo, pero es difícil encontrar una pareja estable para iniciar una vida en común" Es difícil porque se

---

[9] La diferencia entre patriotismo y nacionalismo según de Gaullehttps://www.redfloridablanca.es › la-diferencia-patriotis

[10] Nacionalismo - Wikipedia, la enciclopedia librehttps://es.wikipedia.org › wiki › Nacionalismo

ha instalado la desconfianza. Se tiene conciencia de que existe una gran diferencia entre un encuentro breve, sin compromiso y la complejidad de un proyecto de vida en común que asusta.

La sociedad occidental no es feliz. Sigue una rutina, goza de grandes privilegios. Ha desaparecido la indigencia, pero faltan motivaciones.

Es necesario que la nueva Biblia progresista abandone los sueños irrealizables de una total igualdad limitándola al objetivo posible de lograr una igualdad de oportunidades. De esa manera se reconocerá el mérito y surgirán nuevos impulsos para las personas activas y emprendedoras. Todos necesitamos más libertad, más estímulos, en especial en el campo de la economía.

Si se observa el comportamiento de la actual juventud, maravilla su ansia de emigrar para salir del encierro populista de sus países. En Argentina unos 50.000 jóvenes emigran cada año. El caso más masivo y patético es el de Venezuela.

Podría deducirse que se está produciendo un cambio de mentalidad. Sería la mejor posibilidad de evitar la caída de occidente que cada día se atrasa más frente al avance de los países orientales, en especial China.

Muchos jóvenes ya no pertenecen a la grey de los obsecuentes y se atreven a enfrentar principios de la Biblia de lo *"políticamente correcto"* Debemos alabar su coraje para impugnar la opinión mayoritaria, ya no se arriesga la hoguera en los países occidentales, pero si se impusiera el régimen propiciado por los más fanáticos, como en Cuba o en Venezuela todavía hoy rebelarse significaría arriesgar la cárcel o una ejecución sumaria en las calles de Caracas.

Es urgente un debate sobre las características de nuestra sociedad, que es esencial para que podamos racionalizarla.

En resumen, vivimos una época en que las ideas de moda en occidente, las *"políticamente correctas"* han caído nuevamente en la irracionalidad. Son diferentes de las tradicionales que han afligido la humanidad a través de la historia, pero también son peligrosas y cómplices de decadencia cultural.

Son numerosas las emociones negativas como la tristeza y la ansiedad que producen malestares psicológicos.

El Renacimiento depende del coraje necesario para hacer prevalecer el discurso racional, fijar nuevas metas sostenibles, cambiar en profundidad el manejo político.

Ha llegado el momento de revalorizar la libertad humana en todos los campos, en especial el de las iniciativas y creatividad individual, hoy coartados por una asfixiante y arrogante burocracia estatal.

Son cada vez más numerosos los que toman conciencia de las falsedades utópicas de la nueva Biblia y repudian la idea de una supuesta y nunca lograda igualdad lograda a través de revoluciones y posteriores dictaduras. Constituye un tema cada vez más marginal del lenguaje moderno *"Políticamente correcto"*. No se impugnan principios marxistas como los expuestos en el diccionario soviético de filosofía, pero se dejan en el olvido.

La Biblia judío cristiana perduró durante milenios y todavía reúne muchos fieles. La biblia marxista en menos de dos siglos ha quedado obsoleta.

BLIOGRAFÍA

1. El papel de las mujeres en la antigua Mesopotamia | madrimasdhttps://www.madrimasd.org › notiweb › noticias › pape...
2. La mujer en el Antiguo Egipto - Wikipedia, la enciclopedia librehttps://es.wikipedia.org › wiki › La_mujer_en_el_Antiguo...
3. EL PAPEL DE LA MUJER EN LA ANTIGUA GRECIA Y EN LA ...https://blogs.ua.es › files › 2007/10 › silvia-egea
4. La mujer en la Antigua Grecia - Wikipedia, la enciclopedia librehttps://es.wikipedia.org › wiki › La_mujer_en_la_Antig...
5. Hetera - Wikipedia, la enciclopedia librehttps://es.wikipedia.org › wiki › Hetera
6. Papel de la mujer en la sociedad griega antigua - Historia ...https://historiageneral.com › 2009 › July › 14
7. El papel de la mujer en la Antigua Roma - Academia Playhttps://academiaplay.es › el-papel-de-la-mujer-en-la-ant...
8. La mujer en la Antigua Roma - Wikipedia, la enciclopedia librehttps://es.wikipedia.org › wiki › La_mujer_en_la_Antig...
9. Así era el rol de la mujer en la época medieval | MDZ Onlinehttps://www.mdzol.com › estilo › asi-era-el-rol-de-la-muje.
10. LA VOZ DE LAS MUJERES EN LA EDAD MEDIA EL PAPEL ...http://www.edu.xunta.gal › centros › system › files
11. La caza de brujas en la edad media - NeoTeohttps://www.neoteo.com › la-caza-de-brujas-en-la-edad-m
12. Mujer y cambio social en la Edad Modernahttp://www.laici.va › ... › Mujer › Reseñas
13. Mujeres en la Revolución francesa - Wikipediahttps://es.wikipedia.org › wiki › Mujeres_en_la_Revoluci...
14. Sufragio femenino - Wikipedia, la enciclopedia librehttps://es.wikipedia.org › wiki › Sufragio_femenino
15. Cuántos matrimonios acaban en divorcio - Odériz Echevarría ...https://oderizabogados.es › cuantos-matrimonios-acaban-d.
16. CORTEJO ANIMAL: Cómo se conquista una pareja en la ...https://www.uv.mx › cienciauv › blog › cortejoanimalc...
17. Cortejo - Wikipedia, la enciclopedia librehttps://es.wikipedia.org › wiki › Cortejo
18. Sexualidad y erotismo en la Prehistoria - Elsevierhttps://www.elsevier.es › es-revista-revista-internacional-a
19. La sexualidad en el antiguo Egipto - Historia National ...https://historia.nationalgeographic.com.es › sexualidad-...
20. LA FAMILIA EN EL ANTIGUO EGIPTO - Psique: Humanities ...https://psiqueacademy.es › la-familia-en-el-antiguo-egipto
21. La sexualidad: una perspectiva cristiana - Tearfund Learnhttps://learn.tearfund.org › footsteps-61-70 › footsteps-69

22. La sexualidad, asignatura pendiente del cristianismo | Opiniónhttps://elpais.com › Cristianismo
23. La justicia del faraón en el Antiguo Egipto - Historia National ...https://historia.nationalgeographic.com.es › justicia-faraon
24. Las reformas de Solónhttps://w3.ual.es › personal › fjgarcia › His_2_4
25. Inseguridad, desde la Antigua Roma hasta nuestros díashttps://revistaempresarial.com › industria › construcción
26. El tratamiento al delincuente a fines de la Edad Media - ADDIhttps://addi.ehu.es › handle
27. LAS EDADES DEL CRIMEN ORGANIZADO - Reconciliando ...https://reconciliandomundos.com.ar › las-edades-del-cri...
28. "Los límites del crecimiento: informe al Club de Roma sobre el ...http://habitat.aq.upm.es › mve › daee › tmzapiain
29. Los Verdes - La Opción Política Verde en Marchahttps://losverdes.org.ar
30. Carta del Gran Jefe Seattle, de la tribu de los Swamish, a ...http://herzog.economia.unam.mx › blopez › valor...
31. La personalidad de los argentinos: entre el narcisismo, la ...https://www.lanacion.com.ar › Sociedad
32. Igualdad en el Diccionario soviético de filosofía - Filosofia.orghttps://www.filosofia.org › enc › ros › igu
33. Frases de Alexis de Tocqueville - Frases y Pensamientoshttps://www.frasesypensamientos.com.ar › autor › alexi...